*...nos*

# Cómo crear una empresa

**Santiago Herrero Suazo**

Boletín Oficial del Estado
Madrid, 2002

Colección: *Conoce tus derechos,* 3

Primera edición: Diciembre 2002

HERRERO SUAZO, Santiago

Cómo crear una empresa / Santiago Herrero Suazo. – 1.ª ed. – Madrid : Boletín Oficial del Estado, 2002. – 100 p. ; 20 cm. – (Conoce tus derechos ; 3)
ISBN 84-340-1389-4. – NIPO 007-02-084-7

1. Empresas. I. Título. II. Serie

347.72.02





ISBN: 84-340-1389-4
NIPO: 007-02-084-7
Depósito Legal: M-54509/2002
IMPRENTA NACIONAL DEL BOLETÍN OFICIAL DEL ESTADO
Avda. de Manoteras, 54. 28050 MADRID

# ÍNDICE

# Presentación

El espíritu emprendedor que tienen, en ocasiones, muchas personas, suele decirse que choca con otro espíritu más conservador refugiado en los servidores de la Administración Pública.

Los primeros tienen prisa, a veces, para poner en práctica sus ideas, en tanto que los segundos son más cuidadores del cumplimiento de las normas. En el choque de ambas fuerzas, no cabe echar toda la culpa a uno u otro, sino más bien a las normas que son demasiado rigurosas y casi siempre poco imaginativas.

En España crear una empresa ha supuesto librar una batalla contra obstáculos, demoras y gastos. Ha llegado el momento de poder afirmar que tal combate se está resolviendo a favor del emprendedor a través de dos iniciativas: La Ventanilla Única Empresarial y la Sociedad Limitada Nueva Empresa.

En el presente trabajo se describen desde el momento inicial hasta la fase de creación de una empresa las vicisitudes por las que todo emprendedor ha de pasar.

A usted lector, si le es de utilidad, se habrá cumplido con el espíritu que ha animado la confección de la presente obra.

*Madrid, octubre 2002*

*EL AUTOR*

## 1. ¿QUÉ QUIERO HACER?

Juan Español y Ana Madrid son estudiantes, buenos amigos y con ideas emprendedoras e incluso arriesgadas.

Cómo quiera que están terminando sus estudios, les asalta la duda de ¿qué quiero hacer en un futuro próximo?

Juan comenta con Ana que en el Centro de Estudios le han comentado las posibilidades reales más inmediatas que pueden adoptar: buscar trabajo en una empresa acorde con sus estudios, hacer oposiciones o crear una empresa propia.

De estas sugerencias, tanto la primera –buscar trabajo–, como la tercera –crear una empresa– son las que él considera más adecuadas a su talante y estilo emprendedor.

No obstante, en el intento de priorizar las dos propuestas anteriores procede a meditar las, a su juicio, ventajas e inconvenientes de cada una.

¿Buscar trabajo?

Considera que si busca trabajo en una empresa acorde con sus estudios, le presenta una doble dificultad, una, que puede quedar muy reducido el mercado empresarial al que puede optar por su titulación, si solo busca las que más se acomoden a los estudios realizados, y otra, que el mercado laboral actualmente está algo deprimido y sobre todo con bastante precariedad en cuanto al futuro en las colocaciones.

A su vez considera que hoy en día las empresas exigen altos niveles de preparación en los estudiantes que acceden a los puestos de trabajo, en cuanto a conocimiento de idiomas, así como la realización de algún máster en la especialidad que se pretende.

Por otro lado esta opción ofrece la ventaja de que en la empresa si eres trabajador y competitivo puedes optar a puestos superiores a través de la «carrera profesional» que toda empresa brinda.

También entras en contacto con otros profesionales experimentados que te permiten ampliar la formación teórica adquirida en los estudios realizados. Por último, hay empresas serias y solventes que cuidan de la formación profesional de su personal contribuyendo a la ampliación de sus estudios, mediante la asistencia a cursos de formación nacionales e internacionales.

No debe ocultarse, dice Juan, la posibilidad de movilidad dentro del terreno profesional que ofrecen las distintas empresas, tanto dentro de tu área sectorial como en otros sectores similares e incluso distintos.

Es por todo ello que quiere contrastar con su buena amiga Ana la tercera opción de creación de una empresa mediante una acción conjunta.

¿Hacer oposiciones?

En este momento interrumpe Ana, para plantear la segunda opción que parece no interesar tanto a Juan, cual es la de concurrir a alguna oposición a la que sus estudios les permitan acceder.

Ana, intuitiva y práctica como casi todas las mujeres, comenta con Juan que en estos momentos el mercado de la oferta pública de empleo que lleva a cabo la Administración ofrece, de un lado, un importante número de plazas traducidas en posibilidades de conseguir un puesto de trabajo, y de otro, una amplia oferta de Administraciones en sus tres ramas, de Administración Central, Comunidades Autónomas y Ayuntamientos. A su vez comenta Ana que en su Centro de Estudios le han asegurado que la voluntad y capacidad de la mujer está logrando unos éxitos sin precedentes en las oposiciones de los últimos años sea cual sea la Administración que se contemple.

Además, añade Ana, en la Administración existe una ventaja importante cual es la fijeza en el empleo y la posibilidad de la excedencia en situaciones que cada persona puede y debe valorar.

Ciertamente, frente a estas ventajas, consideran ambos que los inconvenientes son también muy importantes. De un lado, se hace preciso que durante un plazo de tiempo, a veces dilatado, sólo te puedes dedicar a preparar la oposición a la que optas con la incertidumbre del resultado, lo cual hace que en el supuesto de no obtener la plaza perseguida, te sitúa psicológicamente en una sensación más o menos clara de fracaso, así como en peor situación que tus compañeros de estudio que a lo mejor tuvieron suerte cuando optaron por la primera o tercera propuesta de búsqueda de trabajo o creación en una empresa. No debe olvidarse, dice Ana, que le han comentado que la carrera profesional en la Administración es mucho más rígida que en la empresa y más objetivada que en aquélla, primando la antigüedad como factor muy importante, lo cual puede actuar como rémora en un espíritu todavía juvenil, por otro lado la casi petrificación de las retribuciones con escasos márgenes de incremento anual restan algunas de las ventajas que este tipo de opción puede presentar inicialmente.

Llegado a este callejón en el que todas las propuestas tienen ventajas e inconvenientes como cualquiera que sea la decisión que ambos adopten, se miran ambos fijamente y con aire de suspense para preguntarse ¿qué puedo hacer?

## 2. ¿QUÉ PUEDO HACER?

Aunque la pregunta se la hacen los dos, la respuesta, están de acuerdo, ha de ser individual, incluso en el supuesto de ejercitar cualquiera de las tres opciones por las que ha discurrido su razonamiento juvenil inicial, estando ambos de acuerdo en que, aunque difícil, también podrían plantearse otras opciones igualmente válidas.

¿Crear una empresa?

Resulta evidente que si dos opciones han quedado valoradas, habrá que abrir la caja de las esencias de la tercera propuesta, **CREAR UNA EMPRESA.**

Situados en este punto el camino a recorrer ha de ser el mismo que hicieron con las otras dos ideas, examinar las ventajas y los inconvenientes.

¿Quién no ha tenido a los veintipocos años la idea de crear algo? Este espíritu innato en toda persona joven, en nuestros dos protagonistas todavía es mayor, no debe olvidarse que ambos además de jóvenes son emprendedores e incluso arriesgados.

Es por ello que se les presenta el panorama en principio con tintes rosas y verdes, felices porque pueden colaborar juntos y posible en cuanto encuentren la idea que les puede llevar a ver hecha realidad cualquier fantasía que la juventud es capaz de transformar por su propia fuerza y convicción.

Ventajas

Creatividad, innovación, realización, invención, imaginación, fabricación, generación, producción, etc., son términos que a la juventud no solamente no les asusta, sino que constituye parte de su propia esencia, ¡crear algo! Además, la plasmación de una idea en algo tangible les llevará a la utilización de otras importantes armas de trabajo, como producción, control de producción, ventas, marketing, resultados y, ¡cómo no!, una posible situación en ese mundo empresarial tan competitivo, en el que la calificación de «joven empresario» está muy arraigada y supone una constante competición, en la que sólo los que tienen ideas y perseveran en ellas pueden alcanzar el éxito.

¿Es posible un mundo tan ideal en este conocido campo de batalla que es el mundo empresarial?

Cada uno de nuestros protagonistas después de la euforia inicial llega a plantearse si existen inconvenientes, al menos en esta fase previa en que se encuentran de **CREAR UNA EMPRESA.**

Inconvenientes

Con la claridad con que están planteando la puesta en marcha de esta opción trascendental, tras varios razonamientos llegan a concluir que los inconvenientes, consideran, se pueden concentrar en dos puntos: uno inicial, ¿cómo se pone en marcha el mecanismo que lleve a dar vida real a tan atrevida idea? Y otro posterior, ¿será posible encontrar la plasmación de la idea en algo tangible que al final permita obtener unos resultados positivos, lógicamente cuanto mayores, mejor?

De entre ambos inconvenientes, vienen a concluir que la dificultad inicial es trascendente, pues, a su juicio, es tan importante que si no se logran salvar los muchos obstáculos que ellos creen se dan en realidad, es como el refrán «no se debe vender la piel del oso antes de cazarlo», en efecto ¿para qué hablar de resultados si la maraña inicial para constituir una empresa les hace desistir de la idea?, es por ello que inmediatamente se sitúan en la siguiente pregunta, ¿qué debo hacer?

## 3. ¿QUÉ DEBO HACER?

Las consultas

Ante tan fuerte impedimento, que puede arrojar al traste las felices ideas que en su alegre juventud han concebido, acuerdan dar los pasos en una doble dirección: primero consultar con algún amigo empresario las dificultades que estos tuvieron para crear su empresa y después acercarse primero a las instituciones públicas administrativas para conocer los requisitos que el «papeleo administrativo burocrático» exige y después a las instituciones privadas bancarias para tratar de sondear las posibilidades reales de obtener los medios financieros que les permita plasmar su sueño.

Nuestros emprendedores futuros empresarios comienzan a buscar amigos que con cierta confianza y confidencialidad les hablen de las dificultades iniciales para su implantación empresarial.

Juan conoce a través de su padre un empresario que hace más de diez años montó una empresa que actualmente no le va mal; Ana tiene, a través de un hermano suyo, conocimiento de un amigo que el año pasado se instaló en un polígono industrial reciente.

Tan pronto como piensan en su inmediata actuación, entran en contacto con los citados empresarios.

Situación anterior

El primero, dado el tiempo transcurrido, les habla de las dificultades que tuvo que vencer por el «papeleo administrativo burocrático» que estuvieron a punto de hacerle desistir de su idea; Ministerios, Oficinas Públicas varias, papeles y más papeles, ventanillas varias, el «vuelva usted mañana», faltan fotocopias, etc.

La ilusión de nuestros protagonistas empieza a desinflarse, pues son conscientes de que si después de estas dificultades que les acaban de comentar antes de pasar la barrera de bancos, impuestos, seguridad social, etc., va a ser cuestión de entrar de nuevo en meditación de tan feliz idea inicial.

Por suerte se ponen en contacto con el amigo de Ana, el cual en fecha muy reciente ha instalado su bastante floreciente **«pequeña empresa».**

Es aquí donde el término «pequeña empresa» les empieza a los protagonistas a sonar como algo familiar que se adecua a sus pretensiones iniciales.

Situación actual

El tono de la conversación les lleva a levantar el ánimo decaído por la experiencia pasada por su anterior amigo. Este joven empresario les llega a hablar frente a la complejidad que oyeron a su anterior interlocutor, de términos como **«ventanilla única», «ayudas y subvenciones», «impuestos reducidos y especiales para las pequeñas empresas», «préstamos y créditos en condiciones muy ventajosas»,** etc.

Tras una mirada de cierta satisfacción en nuestros protagonistas, les surge la pregunta trascendente ¿qué decisión adoptar?

## 4. ¿QUÉ DECISIÓN ADOPTAR?

En el enfrentamiento que en sus mentes se ha producido entre las dos contestaciones que han recibido acerca de la plasmación de su idea empieza a tomar cuerpo la decisión de optar por su postura inicial de **CREAR UNA EMPRESA.**

No obstante aún queda en su cabeza una duda que deben resolver con carácter previo, ¿ha cambiado tanto en unos pocos años el panorama de creación de una empresa como para hacer desistir de tal idea de hace 8 ó 10 años al momento actual en que su joven amigo les ha hablado de las facilidades que ha tenido en su intento de alcanzar una realidad empresarial?, ¿será posible que en lugar de tener que acudir a multitud de oficinas públicas se puede lograr que en una sola ventanilla se logre presentar, obtener y conseguir que la idea no se desmorone y se anule por impotencia frente a fuerzas institucionalmente muy arraigadas? y ¿qué decir de las dificultades que antes se daban para acceder al mercado financiero que hiciera posible el préstamo, el crédito, sin disponer de solvencia económica inicial suficiente a juicio de la entidad concedente?, también les preocupan los problemas relativos a la Seguridad Social, a los impuestos, en definitiva que frente a las cautelas que les habían asaltado tras la primera entrevista, su espíritu emprendedor y arriesgado hace que vuelva a renacer la idea inicial para lo cual la decisión no se hace esperar **HAY QUE CREAR UNA EMPRESA.**

La decisión

## 1. LA IDEA EMPRESARIAL COMO IDEA DE NEGOCIO

En el sentido que aquí se va a considerar, la idea de **CREAR UNA EMPRESA** más que una idea debe ser una decisión que habrá que debatirla antes para, tras el razonamiento siguiente, adoptarla.

Respecto de la idea cabe preguntarse, ¿en qué va a consistir la misma?, la decisión es algo inconcreto y subjetivo, la idea es algo concreto y objetivo.

Es lo que vamos a llamar la IDEA DE NEGOCIO.

Idea de negocio

¿Qué tipo de negocio va a constituir el objetivo de la empresa?

Aquí debe empezar la preocupación de nuestros emprendedores.

Aunque todos los aspectos a contemplar van a ser importantes para situar en el mundo empresarial un nuevo ente, grande o pequeño, innovador o continuador, de producción o de servicios, etc., es lo cierto que la idea inicial de negocio debe calificarse de transcendente.

En efecto, la idea ya expresada de ¿qué tipo de negocio va a constituir el objetivo de la empresa? es un pilar básico para la creación de aquélla.

Puede decirse incluso que, en ocasiones, es el aspecto más difícil de determinar. Aparece aquí la verdadera creatividad y el espíritu observador.

Tres preguntas iniciales deberá realizar cualquier persona que pretenda llevar a cabo una idea de negocio para, a renglón seguido, formularse una batería de las mismas que le ratifiquen en la idea que está asumiendo.

Las preguntas iniciales que van a constituir el marco general de actuación son:

Preguntas básicas iniciales

**¿Estoy en presencia de una idea realista?**
**¿Es una idea efectivamente viable?**

Las necesidades reales que con mi idea pretendo satisfacer, **¿no están ya cubiertas de modo suficiente por otras empresas competidoras?**

Delimitado el marco general deberá el promotor formularse una batería siguiente de preguntas, las cuales pueden constituir elementos que permitan colaborar y coadyuvar en la definición de la idea empresarial.

**A este respecto cabe destacar:**

¿He tenido alguna vez una necesidad que no ha encontrado respuesta en los establecimientos en que me muevo y en definitiva en las empresas productoras que les suministran a aquéllos?

¿Recuerdo haber comentado alguna vez con mis amigos tal o cual idea reflejo de una necesidad que pudiera ponerse en práctica?

¿Soy conocedor del entorno en que voy a introducirme o tengo buena relación por razones varias, edad, estudios, zona geográfica, situación familiar, etc., para una mayor facilidad en la plasmación de la idea?

¿A través de amigos y conocidos he tenido conocimiento de la existencia de tipos de empresas que en otros países próximos del entorno se han establecido para satisfacer alguna necesidad conocida o desconocida por mí?

¿Qué tipo de clientela espero vayan a ser mis destinatarios, edad, poder adquisitivo, nivel cultural, etc.?

En el supuesto de que el sector al que dirijo mis pretensiones y respecto del cual considero yo que está en parte atendido, será cuestión de conocer ¿qué grado de competencia y saturación presenta el mismo?, y si no está cubierto el mercado por oferta inexistente, ¿cómo puedo yo atraer hacía el mismo la de otros sectores ya cubiertos o satisfechos?

¿Pretendo afrontar la idea de forma individual o asociado con otros amigos o conocidos que permita unir esfuerzos para facilitar la misma?

¿Me encuentro con fuerzas y estoy dispuesto a aceptar que la puesta en práctica de mis ideas suponen un cambio transcendente en mi vida así como de personas de mi entorno?

¿Seré capaz de introducir todas estas interrogantes en un documento que obligadamente habré de presentar tanto para su autorización como para su financiación?

**Estas y otras muchas preguntas deben hacerse nuestros jóvenes amigos antes de dar el paso definitivo**

Debate de las ideas

Todo ello contribuirá a que, al ser dos los que en nuestra propuesta van a debatir la «idea empresarial», éstos encuentren en la controversia la motivación que permita estimular la imaginación, para lo cual pueden apoyarse en técnicas ya experimentadas como:

*a)* **Técnica del brain-storming:** O conocida como «lluvia de ideas» es muy importante a la hora de encontrar nuevas ideas. Se basa en el principio de que es más fácil tener más ideas que insuficientes. Varias personas se reúnen para dejar fluir sus ideas más extravagantes bajo un nombre preciso.

Absolutamente todo se va anotando, sin ningún tipo de crítica o censura a lo que se pueda decir. Al final de la sesión se repasa lo anotado. Las ideas que pasan la primera prueba serán evaluadas y jerarquizadas.

*b)* **Técnica de los atributos:** Muy importante de cara a mejorar un producto. Consiste en confeccionar una lista de los atributos de un producto, para percibir mejor las posibilidades que encierra: posible empleo para otros usos, adaptación, modificación, sustitución, combinación con otros, etc.

*c)* **Técnicas de las asociaciones forzadas:** Para hacer evolucionar las ideas. Se trata de desarrollar un gran número de ideas y de aproximarlas entre sí, sacándolas de su contexto habitual. Estos acercamientos a veces son muy fructíferos.

Con estos antecedentes, con estos interrogantes, estamos haciendo un ejercicio de posibilismo, con el cual vamos a entrar de lleno en la definición, en términos positivos de dos postulados que obligadamente han de constituir la parte esencial, el pilar básico de la puesta en práctica de la idea que anima la futura actuación de nuestros jóvenes:

Variables a considerar

**a) Variables mínimas a tener en cuenta.**
**b) Plan de Empresa.**

## 2. VARIABLES MÍNIMAS A TENER EN CUENTA

Traducir en actuaciones concretas las preguntas que se han formulado estos emprendedores va a suponer la realización de las siguientes acciones y fases en las que se estiman como variables mínimas a tener en cuenta:

Autoevaluación de los promotores

### 2.1 Autoevaluación de los promotores

Al margen de las ideas más o menos luminosas que a cierta edad todo ser humano tiene, se hace preciso un ejercicio previo de autoevaluación, en el sentido de que yo debo determinar realmente si estoy, en principio, en condiciones de asumir el riesgo que la plasmación de la idea va a suponer, en segundo lugar si creo que dispongo de capacidad para superar o soslayar todas las dificultades, impedimentos y trabas que vayan apareciendo durante el proceso de creación y puesta en marcha de la empresa, y por último si me considero lo suficientemente constante y responsable para llevar a buen término la creatividad que ahora estoy imaginando.

## 2.2 Análisis del mercado

Análisis del mercado

En esta fase, el emprendedor debe tener en cuenta una variada serie de factores:

a) *Conocimiento de la demanda*

Aspecto crucial en la actuación empresarial es el que surge tras la detección de una necesidad en el mercado que a su juicio no está satisfecha o lo está insuficientemente.

Para ello será necesario conocer todos los perfiles de esta necesidad no satisfecha o satisfecha insuficientemente ¿es duradera o del momento?, ¿se puede implantar a corto o largo plazo?, ¿mi negocio puede suponer un cambio de aptitud en la clientela del producto?, ¿puede implicar su puesta en práctica el enfrentamiento con una prohibición legal, religiosa, etc., o sin estar prohibida una aproximación a normas restrictivas en su uso o consumo?, ¿puede generalizarse el uso o consumo del producto o por el contrario se dirige a un sector muy selectivo?, ¿en razón de las circunstancias actuales, grado de desarrollo económico, actividad económica en crecimiento o recesión, etc., es previsible su aceptación en el mercado?, ¿es real o imaginativa la necesidad que yo he apreciado como para movilizar una parte del mercado en su implantación?, ¿cuál es la tendencia del sector en el que pretendo introducirme, crecimiento estancado, evolucionado?, ¿es un sector con fuertes barreras de entrada, bien a través de Asociaciones o Colegiaciones que en cierto modo coartan o limitan mi capacidad de instalación?

Habremos dado un gran paso al tiempo que supone un cierto conocimiento del mercado un buen análisis de éste en la forma indicada.

b) *Análisis de la posible clientela*

Otro aspecto esencial está constituido por el perfil del usuario o consumidor. Factores como edad, poder adquisitivo, nivel cultural, situación geográfica, gustos, hábitos de compra, etc., han de ser factores decisivos aunque no siempre excluyentes para el éxito de la idea.

Una atención preferente ha de darse a las orientaciones que acerca del mercado se encuentran en encuestas, sondeos o entrevistas que revistas especializadas, instituciones públicas, sondeos de opinión por empresas del sector, etc., van publicando con cierta frecuencia.

Tanto de este elemento **–clientela–** como del anterior **–mercado–** se puede obtener por Internet una abundante información. Así destacan: **Universidad** (FUNDEUN de la Universidad de Alicante está en la segunda fase de concesión de precios sobre «Nuevas Ideas Empresariales», además esta Fundación colabora con empresas privadas como Iberdrola, Telefonía, INESCOP y otras en la concesión de estos premios); **Comunidades Autónomas** (Galicia, Cantabría, País Vasco, Madrid, Castilla-León, Navarra, etc.). **Ayuntamientos, Cámaras de Comercio, Instituto de Auditores y Censores** son igualmente ejemplos de entidades dedicadas a premiar las ideas empresariales.

**AZARO FUNDAZIOA,** iniciativa estructurada en torno a LEA ARTIBAL IKASTETXEA, ha puesto en marcha distintas iniciativas para impulsar la cultura emprendedora en la Comarca de **LEA ARTIBAL.**

c) *Conocimiento de los competidores*

La pretensión de estos empresarios no debe quedar limitada en principio hacía los sectores que, a su juicio, se encuentran desabastecidos, sino la observación de la posible movilidad de los mismos a través del cambio de sus gustos o del atractivo del producto en sí mismo considerado.

Ello nos llevará a estudiar a fondo las empresas de la competencia y su comportamiento a través de cuotas de mercado, precios, facilidades de pago, red de proveedores para asignar plazos de entrega, métodos de trabajo, cargas de personal, etc., todo ello en definitiva supone analizar los puntos fuertes y débiles de la competencia para actuar sobre ellos. No cabe duda de que éste no es un aspecto fácil, pues las empresas de la competencia mantienen sus secretos bajo siete llaves en evitación de difusiones que puedan perjudicarles.

Remedios al alcance de cualquiera y dentro de una vía permitida se encuentran en: a) oferta del producto a una red de posibles clientes; b) técnica de simulación, convirtiéndonos en posibles clientes de las empresas competidoras, etc.

d) *Decisión del emplazamiento*

Localizar bien la empresa puede ser sinónimo de éxito, frente a la posición contraria que puede llevar al fracaso.

En ocasiones nos puede surgir la idea porque hemos detectado la necesidad no cubierta o cubierta insuficientemente, cuando hemos apreciado que en cierto lugar hemos visto que aquélla estaba bien atendida, en tanto que en un entorno físico más o menos próximo consideramos que la situación no es igual por lo que el negocio sería buena idea. La bondad de esta idea puede cualificarse, por un lado mediante la creación de la necesidad, o bien pudiendo atender la existente e incluso fomentándola con los atractivos precisos para ello o aprovechando incluso los existentes.

Otro elemento que puede influir en la elección del lugar es el relativo a la climatología que en forma más o menos generalizada se da en el entorno. Esta variable puede ser conocida a través de estadísticas históricas que en todo Ayuntamiento, Provincia, Comunidad Autónoma existe a través de los servicios de Meteorología. Cierto es que la validez de la variable histórica tiene un valor relativo, pues los fenómenos atmosféricos precisamente son aleatorios, no obstante la relativa generalización siempre será una variable a tener en cuenta. De todas formas esta variable tendrá una influencia distinta según se trate de actividades dirigidas hacía el consumo o hacía la producción y fabricación.

También ejercerá influencia en la decisión de la ubicación el carácter estacional del entorno, playas igual a verano, estaciones de esquí igual a invierno. La transcendencia, indudablemente, se manifestará en la contratación futura de personal y en las características más o menos especializadas de éstos, así como en el tipo de contrato laboral a celebrar.

No puede olvidarse la situación económica del lugar del emplazamiento. Regiones más prosperas o más deprimidas pueden ofrecer una perspectiva distinta para el tipo de negocio que el emprendedor pretende afrontar. Estadísticas disponibles las encontrará en varias instituciones públicas y privadas (Instituto Nacional de Estadística, Cámaras de Comercio, Entidades Bancarias, etc.).

e) *Contacto con Proveedores*

En sentido inverso a la actuación con la clientela, el aprendiz de empresario deberá determinar –quiénes pueden ser sus futuros proveedores– y confeccionar una posible lista de los mismos. Unas veces éstos lo serán para el suministro de primeras materias necesarias para atender los procesos de producción y fabricación, otras veces lo serán de productos terminados en los procesos de venta y comercialización; en cualquier caso la lista deberá ser lo suficientemente amplia para poder, en una fase posterior, entrar a debatir con ellos aspectos básicos como formas de pago, formalidad en los suministros, cercanía o lejanía del lugar de emplazamiento de la empresa, etc.; no debe olvidarse que en este último supuesto los costes de transporte van a incidir sobre los costes finales de la empresa.

He aquí, en conjunto, un mínimo de variables que en una fase inicial debe tenerse en cuenta antes de poner en marcha lo que va a constituir la primera plasmación en un documento formal de las ideas que habrán de debatir nuestros amigos y que va a conocerse como el «plan de empresa».

## 3. EL PLAN DE EMPRESA

Plan de empresa

Tres preguntas esenciales hemos de formularnos con carácter previo:

**¿Qué es un PLAN DE EMPRESA?**
**¿Para qué sirve?**
**¿Cómo se elabora?**

La contestación a cada una de ellas nos va a permitir dar un paso más en esa ilusionante decisión que con anterioridad habían adoptado nuestros protagonistas.

## *¿QUÉ ES UN PLAN DE EMPRESA?*

¿Qué es?

Un plan de empresa, también denominado «proyecto empresarial», «estudio de viabilidad» o «business plan», es un documento que identifica, describe y analiza una oportunidad de negocio, examina la viabilidad técnica, económica y financiera de la misma, y desarrolla todos los procedimientos y estrategias necesarias para convertir la citada oportunidad de negocio en un proyecto empresarial concreto.

Son características de un plan de empresa la de ser un instrumento al servicio del emprendedor, un apoyo para la creación de la empresa, y una herramienta imprescindible cuando se quiere poner en marcha un proyecto empresarial, sea cual fuere la experiencia profesional del promotor o promotores y la dimensión del proyecto. También va a ser una guía de actuación en las diferentes etapas a seguir en el proceso de creación hasta la puesta en marcha de la actividad empresarial, permitiendo el conocimiento de las condiciones que intervendrán en el futuro.

Incluso para empresas ya establecidas, un plan de empresa bien diseñado ha de ser la base sobre la que se levanten proyectos de crecimiento o diversificación de la actividad principal.

Es muy importante que en su elaboración participen todos los promotores, de forma tal que todos ellos se impliquen en los objetivos que se establezcan y en la manera de conseguirlos.

## *¿PARA QUÉ SIRVE UN PLAN DE EMPRESA?*

¿Para qué sirve?

Todo «plan» debe cumplir tres funciones básicas:

1. Comprobar la coherencia interna del proyecto.
2. Permitir que se cohesione el grupo humano durante su elaboración, así se prueba el compromiso de trabajo

existente entre los miembros promotores, la dedicación al proyecto, la aportación de ideas, etc.

3. Dado que el plan ha de contener todos los mayores datos relevantes del proyecto, se considera como la mejor tarjeta de presentación y la más idónea en la búsqueda posterior de recursos, clientes, colaboradores, etc.

Además con el plan se persiguen dos objetivos concretos:

- Por un lado permite al promotor de una oportunidad de negocio llevar a cabo un exhaustivo estudio de todas las variables que pudieran afectar a dicha oportunidad, aportándole la información necesaria para determinar con bastante certeza la viabilidad del proyecto. Una vez en marcha, el plan de empresa servirá como herramienta interna para evaluar la marcha de la empresa y sus desviaciones sobre el escenario previsto.
- El PLAN DE EMPRESA tiene también como objetivo el de ser la carta de presentación de los emprendedores y del proyecto ante terceras personas; bancos, inversores institucionales y privados, sociedades de capital riesgo, organismos públicos y otros agentes implicados a la hora de solicitar cualquier tipo de colaboración y apoyo financiero.

El plan de empresa en definitiva va a ser para el promotor un instrumento de una gran utilidad, sin embargo no debe pensarse en el plan de empresa como algo a confeccionar en una sola ocasión, sino que el mismo va a tener diferente utilidad según la situación en que se encuentre el proyecto.

Así en una «FASE INICIAL», es decir, si la empresa no ha iniciado sus actividades las utilidades de confeccionar un plan son:

### Es una Guía de planificación empresarial

Con ella el promotor, ya hemos visto recoge todos los aspectos esenciales de la idea de negocio, al tiempo que compromete a los participantes en la misma.

## Es un Instrumento para la búsqueda de financiación

Aquí el plan de empresa además de una guía de financiación va a trascender de la esfera interna de los promotores, ya que principalmente este documento va a dirigirse a las instituciones financieras con las que habremos de entrar en contacto, para la adecuada financiación de tan repetida idea de negocio.

Su importancia es, en este segundo aspecto, de la máxima categoría, ya que cuanto mejor se haya confeccionado y con más detalle el plan, más posibilidades existirán de la posible financiación del proyecto. Las entidades bancarias, por ejemplo, exigen una serie de detalles que va a obligar a una minuciosa confección del referido plan.

## Es base para el desarrollo de nuevas estrategias y actividades

En el plan deberá tener cabida una descripción minuciosa de todas las actividades que van a constituir la base del funcionamiento de la empresa, así como las estrategias que se consideren adecuadas. Aquí juega un papel importante la descripción de áreas tan trascendentes como área comercial, procesos de producción, identificación de proveedores, etc.

Para el supuesto de que la empresa ya hubiera *iniciado su actividad,* también va a resultar muy importante la confección de un plan de empresa, ya que en este supuesto el documento a elaborar será un punto de referencia para los promotores, donde éstos podrán comprobar las desviaciones que estuvieran produciéndose en el desarrollo del proyecto.

## *¿CÓMO SE ELABORA UN PLAN DE EMPRESA?*

¿Cómo se elabora?

En la elaboración de un PLAN hay que seguir unas pautas para la mejor presentación y aceptación del mismo.

Estas pautas son cuatro:

**1) Recomendaciones mínimas en su confección.**
**2) Datos básicos del proyecto.**
**3) Contenido del plan.**
**4) Estructura del plan.**

Es muy importante destacar que para la gran mayoría de los proyectos serios estas pautas han de ser observadas con generalidad, sin eliminaciones, no obstante las matizaciones que en cada caso sean procedentes.

Condiciones del plan

1) ***RECOMENDACIONES MÍNIMAS EN SU CONFECCIÓN***

La elaboración de un plan de empresa exige una serie de recomendaciones mínimas que afectan a aspectos formales del mismo como vocabulario, estructura, contenido o la propia presentación del documento.

No obstante existe una gran libertad de acción dependiendo del propósito que persiga el plan, las personas a las que va dirigido, el sector y el tipo de actividad empresarial e incluso el lugar donde se llevará a cabo la actividad.

Las condiciones que debe tener todo PLAN DE EMPRESA para que tenga utilidad son:

a) *CLARIDAD.* La información y redacción ofrecida debe ser clara, concisa, veraz y comprobable.

b) *ACTUALIDAD.* El plan debe ser un documento que recoja información y datos actualizados, ya que un desfase, aun pequeño, en los mismos, sobre todo en proyectos de alto contenido tecnológico, lo hace poco útil

c) *GLOBALIDAD.* El plan de empresa abarcará todas las áreas de la actividad empresarial, con el fin de que el mismo sea completo.

d) *UNIFORMIDAD Y UNICIDAD DE CRITERIO EN LA REDACCIÓN.* El plan de empresas dado que se va a dirigir a más de un lector, habrá que tener en cuenta la importancia de utilizar un lenguaje que sea inteligible por más de un colectivo: inversores, bancos, proveedores, técnicos, etc.

Aquí resulta conveniente destacar la importancia, en ocasiones, de este lenguaje cuando los planes de empresa tengan como objeto producto o servicios de alto contenido tecnológico, ya que en estos casos deberán hacer un esfuerzo especial por acercar su terminología a un lenguaje comprensible por todos los colectivos interesados.

## 2) *DATOS BÁSICOS DEL PROYECTO*

Datos del plan

En una especie de índice previo, como datos básicos del proyecto se deberán exponer los siguientes elementos:

**Identificación del proyecto.** Se debe indicar el nombre, o futuro nombre, de la empresa que realiza el plan de empresa. Aquí pueden identificarse también anagramas o elementos que contribuyan a una mejor «personalización» del proyecto.

**Localización.** Aquí se debería indicar la ubicación geográfica (provincia, municipio...) donde está o estará la empresa, así como brevemente las áreas de influencia.

**Fecha de inicio.** Aunque este dato es indicativo, pues la realización final del proyecto puede demorarse de las previsiones iniciales para el caso de que la actividad no se hubiera iniciado se realizará una previsión de la fecha en que se realizará (bastará en ocasiones expresar primero o segundo semestre del año tal).

**Forma jurídica.** Se debe indicar el régimen de constitución de la empresa. Si ésta no estuviera constituida, se hará referencia a la opción elegida por los promotores.

**Breve explicación de la actividad a desarrollar.** Este punto debe recoger de una forma simplificada la naturaleza del negocio, las características del proyecto, el sector de actividad en el que se encuadra el producto o servicio, sus ventajas competitivas y la base sobre la que se apoyan las afirmaciones contenidas en el plan de empresa.

**Personal previsible necesario.** Se debe cuantificar el número de personal y un breve organigrama de la empresa.

**Inversión y Financiación.** En líneas generales y en forma sintética y resumida se debe recoger en este apartado la inversión que se tiene previsto acometer, así como la forma de financiación prevista, en grandes cifras como:

Inversión total: ...... euros
Financiación propia: ...... euros
Financiación ajena: ...... euros

## 3) *CONTENIDO DEL PLAN*

Después del índice anterior el contenido del plan debe recoger todas las áreas o apartados que necesariamente deben ser informados en el plan de empresa.

Estos no deben ser considerados como apartados «a rellenar» de forma individual o aislada, ya que el contenido en cualquiera de ellos puede influir y condicionar de manera determinante el contenido de los demás. Por ello no es aconsejable empezar por concretar hasta el más mínimo detalle uno de los apartados, sino que es preferible ir cumplimentándolos de forma paralela (saltando de uno a otro apartado cada vez que detectemos una implicación de cualquiera de los aspectos que estamos analizando que afecte a los demás).

La idea empresarial

## 1. Descripción de la idea empresarial

En esta sección se deben recoger dos aspectos:

a) *Breve resumen e historia del proyecto.*–Se trata de explicar de forma breve (los detalles deben reservarse para los siguientes apartados) la actividad que se pretende poner en marcha así como las características del producto o servicio que ofreceremos, las necesidades que satisfará, las ventajas competitivas en las que nos apoyaremos y los posibles riesgos o problemas a los que habrá que hacer frente. También es conveniente mostrar cuál es la situación actual del proyecto y si procede, las actividades ya realizadas y objetivos ya alcanzados.

b) *Promotores.*–Aquí se recogerá la identificación de los promotores, dejando constancia de quién o quiénes son las personas que ponen en marcha el proyecto, incluyendo los datos relativos a su formación y experiencia profesional (en ocasiones es más «fiable» un proyecto en apariencia mediocre pero con un grupo de profesionales experimentados que los respalda que un buen proyecto puesto en marcha por inexpertos). Se ha de definir cuál es el nivel de implicación de cada promotor con la futura empresa (qué aportará cada uno tanto en trabajo como en bienes) y qué pretenden obtener de la empresa (nivel mínimo de remuneración por su aportación, ya sea de recursos financieros, de trabajo personal o de ambas cosas a la vez). Se ha de definir el organigrama de la empresa, la estructura de toma de decisiones y responsabilidades, adscripciones de puestos de trabajo y de los circuitos administrativos, etc.

## 2. Descripción del producto o servicio

Características del producto o servicio

Este capítulo se centrará en el adecuado detalle de las características del producto o servicio que la ideada empresa pretende producir o desarrollar, así como de las necesidades reales que habrá de cubrir uno u otro.

## 3. Estudio del mercado

El mercado

Aquí el Proyecto adquiere ya la complejidad que le caracteriza. Un estudio de mercado es necesario para descubrir los potenciales consumidores del producto o servicio, tanto en su calidad como en su cantidad. Un mercado deficiente asegura ya desde el principio la necesidad de abandonar la idea o bien de modificarla convenientemente. No se debe reparar en esfuerzos, e incluso en gastos, a la hora de realizar el estudio de mercado. En ocasiones incluso será conveniente delegar en una empresa especializada su realización.

En concreto y en cuanto a los clientes-consumidores habrá que definir e identificar las características de nuestro público objetivo o «target», su localización, necesidades y gustos, poder adquisitivo, edad, sexo, etc. Una vez tengamos toda esa información, podremos planificar la política de comunicación (publicidad) más adecuada para informales de nuestra oferta, la política de distribución más adecuada para hacerles llegar nuestros productos y perfilar las características del producto de manera que éste sea más apetecible para el cliente según sus gustos y necesidades (precio, tamaño o cantidad por unidad de producto, diseño del envoltorio o envase, etc.).

Pero los clientes-consumidores son sólo una parte del mercado, es por ello que se hace necesario ampliar el estudio hacia los competidores.

Por lo que se refiere a éstos, habrá que prestarles una cuidadosa atención intentando extraer de ellos toda la información que nos sea posible. Quiénes son los líderes del mercado y en qué basan sus éxitos. Qué empresas del sector tienen dificultades y cuáles son las causas. Cómo podemos ofrecer nuestros productos de forma que resulten más atractivos que los de la competencia para un determinado segmento del mercado (ventaja competitiva). Qué productos cumplen funciones similares a las de nuestro producto o cubren la misma necesidad (productos substitutivos). Qué empresas ofrecen productos complementarios al nuestro y con los que, en consecuencia, podemos intentar establecer colaboraciones beneficiosas para ambos, etc.

Por último un completo estudio de mercado debe llegar en la definición del contenido del plan hasta los proveedores.

El análisis de posibles proveedores o suministradores nos llevará con carácter previo a contactar con diversas empresas pidiéndoles presupuestos. En ocasiones, los proveedores pueden ser una importante fuente de información sobre las características del mercado, ya que para ellos la relación se invierte, al convertirnos en un futuro cliente. En este análisis de los proveedores o suministradores se deberá detallar el control de calidad de los suministros, las técnicas de gestión de los STOCKS, etc.

## 4. Descripción técnica de la empresa

Aspectos técnicos de la empresa

Desde el proceso productivo hasta la localización de las oficinas, talleres y almacenes, pasando por el mobiliario, maquinaria y suministros que serán necesarios, habrán de ser descritos aquí con la máxima precisión.

En cuanto al proceso productivo en concreto, se deberá describir el proceso que seguirá la empresa para producir sus productos, haciendo una relación de todas las máquinas y herramientas que se necesitarán y sus características (forma de conseguirlas, precio, duración,...). Igualmente habrá que concretar qué materiales o materias primas componen el producto y en qué cantidades, el número de personas necesario en todo el proceso de fabricación (su cualificación, funciones, horario, etc.) y el plazo de producción (tiempo que transcurre desde que se compran las materias primas hasta que el producto final está listo para ser servido al cliente).

En el caso de que, en lugar de un producto, se pretenda ofrecer un servicio, se tendrá que describir todo el conjunto de operaciones y circuitos organizados necesarios para una buena prestación del servicio. Por último habrá que calcular cuál es la capacidad máxima de productos que, dados los recursos iniciales, la empresa es capaz de ofrecer.

## 5. Organización y recursos humanos

Recursos humanos

Se describirá aquí el conjunto de actividades que serán precisas para llevar a cabo las tareas de dirección, producción, comercialización, etc., y las personas encargadas de realizarlas. Para ello convendrá describir con todo detalle cada puesto de trabajo, sus tareas, las aptitudes con que habrá de contar la persona que lo ocupe y su retribución.

## 6. Plan de marketing

Marketing

El Marketing o mercadotecnia pretende acercar el producto o servicio que habrá de ser el objeto de la empresa a los potenciales consumidores de los mismos, y lograr efectivamente su venta. No se puede dejar al azar el hecho de que los usuarios conozcan o no el pretendido producto, sino que será preciso adoptar una adecuada combinación de estrategias comerciales que hagan reales las ventas, y estas estrategias habrán de ser diseñadas y descritas con todo detalle en este apartado.

## 7. Plan de fechas

Tiempos

Sin perjuicio de exponer como primera de éstas la del posible comienzo de la actividad, es lo cierto que en este apartado se exige un esfuerzo de planificación dividiendo los objetivos en subobjetivos a conseguir a corto, medio y largo plazo, así como los recursos necesarios. Es muy posible y conveniente en ocasiones que una empresa decida servir sus productos a todo el país pero que decida centrarse durante el primer año en su propia ciudad (durante la puesta en marcha del negocio) para ir ampliando el ámbito geográfico durante los años siguientes. O bien, que decida ofrecer sólo uno o dos productos inicialmente para, con posterioridad, ir ampliando la gama. Un correcto plan de fechas puede hacer un éxito de una empresa incluso si no se disponen de excesivos recursos financieros.

## 8. Forma jurídica

Forma jurídica

Es preciso desde un comienzo decidir si la forma jurídica del negocio será la del empresario individual o la de una sociedad mercantil como más comunes u otras posibles. De la elección de una u otra u otras dependerán tanto los trámites necesarios para su constitución como el tipo de relaciones laborales que se establecerán con los trabajadores (según las diversas tipologías de contratos existentes). Igualmente incidirán temas relativos a la Seguridad Social, así como y muy especialmente los tributarios según la forma elegida.

Por último, también se deben reseñar todas aquellas restricciones legales a las que se deberá someter la empresa (por ejemplo, la normativa legal que afecta a la forma y materiales en los juguetes para niños o al tipo de publicidad en productos como los medicamentos o el tabaco), así como de aquellas posibles ventajas legales que puedan existir (por ejemplo, posibles incentivos fiscales o subvenciones de las que se pueda beneficiar la empresa por cumplir con determinados requisitos establecidos por la Administración Pública), etc.

## 9. Análisis económico-financiero

Los medios financieros

El análisis económico y financiero del proyecto empresarial requiere unos conocimientos específicos mínimos, que de no tenerlos ningún miembro del grupo de promotores, hace aconsejable la intervención de un asesor externo (los Ayuntamientos, INEM; Gobiernos Autonómicos, Cámaras de Comercio y otros organismos suelen tener servicios de asesoramiento gratuito para la creación de empresas). Habrá que definir y concretar entre otras cosas:

**Plan de inversiones:** Qué inversiones son las mínimas necesarias para poner en marcha el proyecto y cuáles se realizarán posteriormente (publicidad de lanzamiento: estudios técnicos previos necesarios para la puesta en marcha de la empresa; acondicionamiento del local, instalación de teléfono, fax, etc.; maquinaria, mobiliario, equipos informáticos, fianzas, seguros, etc.).

**Plan de financiación:** De dónde se van a obtener los recursos necesarios para hacer frente a las inversiones (aportaciones de los socios, créditos bancarios, créditos subvencionados, leasing, subvenciones...).

**Previsión de resultados:** Se trata de realizar una previsión de los beneficios que esperamos obtener en cada uno de los dos o tres primeros años. Para ello es necesario hacer una previsión de los ingresos por las ventas de productos o por la prestación de servicios (precio por cantidad vendida), así como una previsión de gastos anuales (compra de materias primas, sueldos y salarios, alquileres, suministros de agua, gas, luz y teléfono, transportes, intereses de créditos, publicidad y promociones, primas de seguros, tributos, etc.).

**Análisis de «punto crítico»:** En ocasiones resulta bastante difícil o arbitrario establecer una cifra concreta de ingresos esperados. Cuando esto ocurre, es muy útil acompañar el estudio de: Resultado o beneficio previsto con un análisis del punto crítico (también llamado punto muerto o umbral de rentabilidad) que no es más que el cálculo de la cifra mínima de ventas necesaria para que la empresa no incurra en pérdidas o, dicho de otra forma, la cifra de ventas (en unidades de producto o en valor monetario) a partir de la cual la empresa empieza a tener beneficios. Provisión de tesorería: se trata de especificar las entradas y salidas de dinero a las que la empresa deberá hacer frente mes a mes durante los primeros meses de puesta en marcha del negocio (teniendo en cuenta los posibles pagos y cobros aplazados, a los proveedores y clientes respectivamente, así como el plazo de producción, que nos indicará los meses que se tardará en poder vender el producto final resultante de las materias primas compradas hoy). Es importante prestar atención a este aspecto ya que puede ocurrir que una empresa económicamente rentable (con ingresos superiores a los gastos) se encuentre en una situación financieramente difícil (al no disponer de efectivo para hacer frente a sus pagos por no haber cobrado todavía de los clientes).

Balance provisional: en el que se refleje la evolución del patrimonio de la empresa desde el momento inicial hasta pasados los dos o tres años siguientes a su puesta en marcha.

Por último no estaría de más un estudio sobre el punto de equilibrio o umbral de rentabilidad de la empresa, y un conjunto de ratios tanto financieros como económicos que den idea de la viabilidad del Proyecto.

## 10. Conclusiones

Conclusiones

Aquí se expondrán, de forma resumida, las bondades del proyecto que sirvan al observador como factor positivo en la decisión a adoptar.

4) ***ESTRUCTURA DEL PLAN***

Estructura del plan

Vistos los elementos anteriores descritos, ya estamos en disposición de aconsejar a nuestros estudiosos de la idea empresarial, como debe quedar estructurado el plan cuyos aspectos básicos y áreas han quedado definidas.

Este debe ser en todo caso un Modelo que aunque puede considerarse como bastante general y detallado es lo cierto que cada promotor ha de descubrir los puntos fuertes y débiles de su idea de negocio y potenciar en consecuencia aquéllos y resolver éstos antes de dar por concluido el Proyecto.

Es por ello que aun dentro de esa comentada generalidad la estructura del documento puede y debe variar convenientemente.

En todo caso el proyecto de plan de empresa puede presentar la siguiente estructura:

## 1. Descripción de la idea empresarial

1.1 ***Origen de la idea*** del negocio y aspectos que hacen pensar que puede ser interesante y rentable.

1.2 ***Definición del producto*** o servicio que se pretende ofrecer. Aspectos diferenciales respecto de la competencia.
1.3 ***Situación actual del proyecto*** (inversiones realizadas, compromisos y derechos ya adquiridos, aspectos pendientes).
1.4 ***Detalle de los componentes*** del proyecto (Formación y experiencia).
1.5 ***Definición de las áreas*** funcionales de la empresa (Organigrama).

## 2. Descripción del producto o servicio

2.1 ***Característica*** del producto o servicio.
2.2 ***Presentación*** e imagen del producto (volumen físico o cantidad por unidad, envase, marca, etc.)

## 3. Estudio del Mercado

3.1 ***Estudio del cliente.***

3.1.1 *Perfil de cliente* (sus características en cuanto a edad, sexo, nivel económico, costumbres, domicilio, etc.).
3.1.2 *Necesidades que se pretenden satisfacer:* físicas (alimentación, ropa, transporte...), psicológicas (entretenimiento u ocio, mejorar la imagen...), o de cualquier otro tipo (educación...).

3.2 ***Estudio de la competencia*** (número de competidores, puntos fuertes en los que éstos basan su oferta y puntos débiles que podríamos mejorar o de los que nos podríamos aprovechar).
3.3 ***Distribución*** (cómo se pretende hacer llegar el producto hasta el consumidor final: venta directa a domicilio, por correo, en supermercados, etc.).
3.4 ***Publicidad y promoción*** (tipo de publicidad y medios en los que se realizará y frecuencia de los anuncios publicitarios, de folletos o de catálogos, etc.).

3.5 ***Precio*** (gama de precios de venta y descuentos a los distribuidores y al consumidor final, teniendo en cuenta el precio máximo que el cliente estará dispuesto a pagar y el precio mínimo en función de los costes de producción).

## 4. Descripción técnica de la empresa

4.1 ***Características del proceso*** de producción o de operaciones a realizar (especificando los que serán realizados por la propia empresa y los que serán subcontratados).

4.2 ***Planificación de la «secuencia de tareas»*** (desde que los proveedores nos sirven las materias primas o inputs hasta que el producto final está listo para ser enviado al cliente).

4.3 ***Recursos requeridos.***

4.3.1 *Locales e instalaciones* (tamaño mínimo, ubicación idónea, etc.)

4.3.2 *Equipos técnicos* (mobiliario, maquinaria, etc.).

4.3.3 *Recursos humanos* (número de empleados, formación y experiencia requeridas, etc.).

4.3.4 *Materias primas.* Proveedores (cantidades mínimas necesarias en almacén, análisis de los diferentes proveedores, etc.)

## 5. Organización y recursos humanos

5.1 ***Descripción de las tareas*** de dirección, producción, comercialización, etc.

5.2 ***Recursos humanos*** (detalle de puestos de trabajo y directivos con especificación de retribuciones y perfiles del puesto de trabajo), (no deben incluirse los recursos humanos del punto 4.3.3.).

## 6. Plan de Marketing

6.1 ***Descripción de las estrategias comerciales.***

## 7. Plan de fechas

7.1 ***Fecha prevista para la puesta en marcha del negocio.***
7.2 **Primer año** (detalle de los objetivos a conseguir y pasos a realizar durante cada uno de los doce primeros meses de la vida de la empresa).
7.3 ***Objetivos de la empresa a medio plazo*** (segundo y tercer año)
7.4 ***Objetivos de la empresa a largo plazo*** (a partir del cuarto año).

## 8. Forma jurídica (forma jurídica de la empresa)

## 9. Plan económico-financiero

9.1 ***Plan de inversiones*** (concretar el importe de las inversiones a realizar teniendo en cuenta los recursos requeridos y el plan de fechas establecido).
9.2 ***Plan de financiación*** (detallar el origen de los recursos financieros necesarios para hacer frente a las inversiones relacionadas en el apartado anterior).
9.3 ***Previsión de resultados*** y umbral de rentabilidad (se deberán establecer los beneficios esperados, es decir, los ingresos y gastos previstos tanto a corto como a medio y largo plazo).
9.4 ***Previsión de tesorería*** (cálculo y planificación del saldo de la cuenta bancaria –o dinero disponible– teniendo en cuenta los diferentes plazos de pago a los proveedores y de cobro a los clientes).
9.5 ***Balance provisional*** (en el que se reflejará las relaciones entre recursos propios y deuda, entre deuda a largo y a corto plazo, entre recursos disponibles e inmovilizados, etc.).

## 10. Conclusiones

## 11. Anexos (copia de aquella documentación que se considere relevante para quien ha de valorar la futura empresa)

Nuestros jóvenes amigos, futuros empresarios, después de los planteamientos anteriores deben penetrar en el proceloso mundo de las opciones, ya que las soluciones corresponden a otras instituciones, generalmente públicas y algunas privadas. En efecto, las opciones desde el momento y hora en que han de resolver las disyuntivas que sobre alternativas varias se les van a presentar abarcarán:

**Como muy importante la decisión sobre la forma jurídica.**

**La problemática de financiación del proyecto, tanto interno como externo.**

Otros aspectos, como los relativos al proceso de producción, marketing, etc., presentan una problemática técnica y de estrategia que será distinta según la idea concreta de empresa que hayan previsto e incluso si se trata de producción, servicios, etc.

Una problemática de transcendental importancia es la relativa a la tributación de la empresa; no obstante este es un problema ligado a la forma jurídica que vayan a adoptar, por lo que se deberá estudiar de forma conjunta con ella.

## 1. ELECCIÓN DE LA FORMA JURÍDICA

Elección de la forma jurídica

La elección de la forma jurídica más adecuada para la empresa es una cuestión preferencial ya que equivale a decidir si se constituirá como empresario individual o como Sociedad en una múltiple variedad. En uno u otro caso los trámites a seguir para su constitución y, como ya hemos dicho, los impuestos, a los que tendrá que hacer frente, son distintos.

La elección de una u otra forma dependerá básicamente de las necesidades organizativas, del negocio a crear; así como de los niveles de responsabilidad frente a terceros que los promotores deben asumir.

Las formas jurídicas son muy variadas y las podemos agrupar en:

Empresario individual

## A) *FORMA INDIVIDUAL. EMPRESARIO INDIVIDUAL (AUTÓNOMO)*

CONCEPTO.–Es toda persona que ejercita directamente o por medio de representante una actividad empresarial.

Requisitos

REQUISITOS.–Pueden ser empresarios individuales:

- Las personas mayores de edad que tengan la libre disposición de sus bienes.
- Los menores de edad emancipados, con las limitaciones que establece el artículo 323 del Código Civil.
- Los menores de edad y los incapacitados, a través de sus representantes legales.

VENTAJAS.–Las más destacables son:

- Gestionar personalmente la empresa.
- No existe ningún trámite previo que condicione la adquisición del carácter de empresario individual.
- No se exige capital mínimo inicial.
- Los empresarios individuales no están obligados a inscribirse en el Registro Mercantil, si bien pueden hacerlo si lo consideran oportuno.
- No es necesario elevar a pública la escritura de constitución mediante Notario.
- Pagar fiscalmente según sus ganancias.

DESVENTAJAS.–Las desventajas más notables son:

- Su responsabilidad respecto de la gestión del negocio es personal e ilimitada frente a terceros y si no tiene separación de bienes la responsabilidad se extiende al cónyuge.

• Recae sobre el empresario autónomo todo el riesgo que tiene el negocio.

OBLIGACIONES FORMALES:

Obligaciones formales: De carácter laboral y S.S.

A) **De carácter laboral y de Seguridad Social**

Aquí hay que distinguir respecto del propio empresario y para el supuesto de que contrate trabajadores.

Respecto del propio empresario:

• Alta en el Régimen Especial de Trabajadores Autónomos.

Este es un parte de alta de carácter obligatorio por el cual el trabajador autónomo comunica a la Seguridad Social que se acoge a dicho régimen. En caso de no haber estado nunca afiliado a la Seguridad Social como trabajador por cuenta ajena o autónomo, este trámite se simultaneará con el de afiliación.

• Documentos de Cotización a la Seguridad Social/Régimen Especial de Autónomos: Documentación acreditativa del cumplimiento por parte del trabajador autónomo de la obligación de cotizar.

Respecto de la contratación de **trabajadores:**

• Inscripción de la empresa en la Seguridad Social.

Esta inscripción solo procederá sí va a contratar a trabajadores. En este supuesto y con anterioridad al inicio de la actividad deberá darse de alta en la Tesorería General de la Seguridad Social cualquier empresa o entidad que haya de contratar a trabajadores. Le será asignado un código de cuenta de cotización (número patronal) que será único en todo el Estado. Este número permitirá identificar a la empresa a la hora de realizar cualquier actuación ante la Seguridad Social.

• *Afiliación de los Trabajadores.* Se entiende por afiliación el acto por el cual se integra en el campo de aplicación del Sistema de la Seguridad Social cualquier trabajador, asignándosele un número identificativo permanente, válido para toda la vida laboral.

• *Alta del Trabajador en la Seguridad Social.* Acto en el que la empresa notifica a la Seguridad Social la contratación de un trabajador concreto, comprometiéndose al pago de las cotizaciones correspondientes.

• *Documentos de cotización a la Seguridad Social/Régimen General.* Documentación de carácter mensual, que acredita el cumplimiento por parte de la empresa de su obligación de cotizar e ingresar las aportaciones propias y de sus trabajadores ante la Seguridad Social. Los empresarios deberán guardar los documentos de cotización debidamente diligenciados durante un mínimo de cinco años.

• *Libro de matrícula del personal.* (En el caso de que contrate a trabajadores). Este es un libro obligatorio para los empresarios con trabajadores contratados en el Régimen General de la Seguridad Social, en el cual harán constar los datos personales, la categoría profesional, fecha de alta en el Régimen General de la Seguridad Social, así como datos de la baja de los trabajadores cuando ésta se produzca. Es obligatoria la conservación del libro a lo largo de cinco años.

• *Libro de Visitas de la Inspección de Trabajo.* Libro donde los Inspectores de Trabajo harán constar las diligencias que practiquen derivadas del resultado de las visitas realizadas por éstos. Es obligatoria la conservación del Libro a lo largo de cinco años.

• *Alta en contingencia de accidentes de trabajo y enfermedad profesional.* Este trámite formaliza la protección del trabajador respecto a las contingencias de accidentes de trabajo y enfermedad profesional. Cubre los siguientes riesgos: El coste de las prestaciones a que tiene derecho el personal de la empresa en caso de accidente de trabajo o enfermedad profesional; los costes de revisiones, operaciones y recuperaciones de los trabajadores accidentados por causas profesionales. El empresario puede optar por realizar este trámite bien ante una mutua privada o bien ante el mismo Instituto Nacional de la Seguridad Social.

• *Ordenanza general de seguridad e higiene en trabajo.* La empresa deberá tener a disposición del personal un ejemplar de estas ordenanzas.

• *Apertura de centros de trabajo.* Declaración para la legalización de los centros de trabajo. Afecta a la totalidad de empresas de nueva creación, así como en el caso de haber realizado alguna alteración, ampliación o transformación de importancia. Los datos que se demandan tienen relación con la denominación y ubicación de la empresa, número y características del personal, así como otras circunstancias relativas a la normativa sobre Seguridad e Higiene en el trabajo.

• *Libro de sanciones.* Libro donde se recoge aquella sanción impuesta por el empresario al trabajador dentro de las legalmente establecidas, que comportan la suspensión temporal de trabajo y sueldo.

• *Calendario y horario laboral.* Deberán ser expuestos en lugar visible en cada centro de trabajo.

### B) **Fiscales**

Fiscales

• *Declaración censal y solicitud del CIF.* La declaración censal es, básicamente, un resumen de la situación tributaria en la que se encuentra la empresa. Hay que presentar el Modelo 036 o el 037. El CIF es el número de identificación fiscal que se debe reseñar ante la Administración Tributaria, sin embargo, en el caso del empresario individual, no es necesario solicitarlo si se posee el Número de Identificación Fiscal (NIF).

• *Impuesto de Actividades Económicas (IAE).* El IAE es un tributo directo de carácter real cuyo hecho imponible está constituido por el mero ejercicio en territorio nacional de actividades empresariales, profesionales o artísticas.

• *Declaración liquidación del Impuesto sobre la Renta de las Personas Físicas.* Se trata de un impuesto directo y personal en el que por el apartado de Actividades

Económicas o Profesionales los empresarios deberán hacer declaración del IRPF junto con los demás rendimientos que tengan como personas físicas. La declaración se presenta antes del 1 de julio de cada año y trimestralmente habrá que realizar los pagos a cuenta que procedan.

- *Declaración-Liquidación del IVA.* Por las actividades que como empresario realice el titular habrá de presentar trimestralmente una declaración-liquidación (con ingreso sí procede) de las operaciones realizadas en su condición de empresario, así como declaración anual. Es un impuesto indirecto.
- *Licencia Municipal de apertura.* (En el departamento de Urbanismo del Ayuntamiento). Estará obligada a solicitarla cualquier persona física o jurídica que desee iniciar una actividad mercantil. Existen dos tipos de licencia: una para actividades inocuas y otra para actividades molestas, insalubres, nocivas y peligrosas. La autorización tarda varios meses en tramitarse, si bien suele permitirse el ejercicio de la actividad desde la presentación de la solicitud con toda la documentación requerida.
- *Licencia de obras.* Si el empresario desea realizar cualquier tipo de obra, será obligatoria la obtención de la licencia correspondiente. La cuota será un porcentaje del presupuesto de la obra, determinado en las ordenanzas municipales. Una vez terminada la obra, se podrá comprobar el coste real y efectivo y practicar liquidación definitiva, con deducción de lo ingresado en la liquidación provisional.
- *Impuesto sobre Bienes Inmuebles.* Grava la propiedad o titularidad de derecho real de bienes inmuebles de naturaleza rústica y urbana. Es un impuesto municipal directo y real.

Libros

Dentro de estas obligaciones fiscales un apartado de considerable importancia es el relativo a las obligaciones formales que afectan a los sujeto-empresarios bajo la exigencia de libros que han de llevar por mandato de la normativa de los distintos impuestos que les afectan...

Son estos:

*a)* EN EL IMPUESTO SOBRE LA RENTA DE LAS PERSONAS FÍSICAS. IRPF

1. Libros obligatorios para Empresarios en modalidad normal del régimen de estimación directa con actividad mercantil:

- ***Libros.***

*Libro Diario.* Donde se registrarán día a día todas las operaciones relativas a la actividad de la empresa, ordenadas cronológicamente, y con el debido soporte documental (facturas, nóminas, recibos, extractos bancarios, etc.). Es necesario llevar el Libro Diario y sus soportes de documentación durante seis años. La solicitud de legalización se efectuará mediante instancia por duplicado al Registro Mercantil.

*Libro de Inventarios y Balances.* Este Libro se abrirá con el balance inicial detallado de la empresa, y recogerá anualmente el inventario, así el balance del ejercicio y la cuenta de resultados. El balance y la cuenta de resultados reflejarán con claridad y exactitud la situación patrimonial de la empresa y los beneficios o pérdidas de la misma durante el ejercicio. Es necesario llevar el Libro de Inventarios y Balances y sus soportes de documentación durante seis años. La solicitud de legalización se efectuará mediante instancia por duplicado al Registro Mercantil.

*Registros Auxiliares: Registro de compras, Registro de ventas, Registro de Caja y Bancos, Registro de gastos.*

2. Libros obligatorios para empresarios en modalidad normal y simplificada del régimen de estimación directa con actividad no mercantil (agricultores, etc.):

*Libro registro de ventas e ingresos.*
*Libro registro de compras y gastos.*
*Libro registro de bienes de inversión.*

3. Libros obligatorios para profesionales acogidos al régimen de estimación directa en cualquier de sus modalidades:

*Libro registro de ingresos.*

*Libro registro de gastos.*
*Libro registro de bienes de inversión.*
*Libro registro de provisiones de fondos y suplidos.*

4. Libros obligatorios para empresarios en estimación objetiva por Signos, Indices o Módulos:

No están obligados a llevar libros o registros contables, aunque sí deberán conservar los justificantes de los signos, índices o módulos. Los sujetos pasivos acogidos a este régimen que deduzcan amortizaciones estarán obligados a llevar un libro registro de bienes de inversión. Además, por las actividades cuyo rendimiento neto se determine teniendo en cuenta el volumen de operaciones habrán de llevar un libro registro de ventas o ingresos.

IVA

*b)* EN EL IVA.

*Libro registro de facturas emitidas.* Es un libro donde han de ir anotándose todas las facturas emitidas, registrará día a día todas las operaciones relativas a la actividad de la empresa, ordenadas cronológicamente y con el debido soporte documental (facturas, nóminas, recibos, extractos bancarios...). Es necesario llevar el Libro de facturas emitidas y sus soportes de documentación durante seis años.

*Libro registro de facturas recibidas.* Es un libro donde han de ir anotándose todas las facturas recibidas, registrará día a día todas las operaciones relativas a la actividad de la empresa ordenadas cronológicamente y con el debido soporte documental (facturas, nóminas, recibos, extractos bancarios...). Es necesario llevar el Libro de facturas recibidas y sus soportes de documentación durante seis años.

*Libro registro de bienes de inversión, en algunos casos.* Deberán registrarse día a día todos los bienes de inversión (inmovilizado), adquiridos por el empresario individual durante el período impositivo con el debido soporte documental (factura).

Estos Libros habrán de presentarse para su diligenciado en la Delegación o Administración de Hacienda de la provincia del domicilio fiscal de la Empresa.

Estos Libros no serán obligatorios para aquellos sujetos pasivos acogidos a los siguientes regímenes especiales de IVA:

Régimen de Recargo de Equivalencia.
Régimen de Agricultura, Ganadería y Pesca.
Régimen Simplificado.
ÓRGANO RECTOR.

No existe a diferencia de las formas societarias la obligación de constituir un Órgano rector.

## B) *FORMA SOCIETARIA*

Forma societaria

Dentro del panorama societario español son bastante amplias las formas jurídicas que admite el ordenamiento jurídico.

Las formas societarias más comunes son:

### $B_1$) *SOCIEDAD DE RESPONSABILIDAD LIMITADA.*

Sociedad de Responsabilidad Limitada

CONCEPTO.–Es una sociedad de naturaleza mercantil, predominantemente capitalista, con un capital determinado, dividido en participaciones iguales, acumulables e indivisibles, que no podrán incorporarse a títulos negociables ni denominarse acciones y cuyos socios no responderán personalmente de las deudas sociales.

LEGISLACIÓN BÁSICA.–Ley sobre Régimen Jurídico de las Sociedades de Responsabilidad Limitada de 17 de julio de 1953, modificada en parte por la Ley 19/1989, de 25 de julio, y Ley 2/1995, de 23 de marzo.

REQUISITOS. Los requisitos básicos serían:

Requisitos

- Bastarán 2 socios para darle vida y nunca más de 50 fundadores los socios (también puede constituirse con un solo socio). Será preciso para obtener la personalidad jurídica de la sociedad certificación negativa del nombre (plazo de validez dos meses), acreditando que el elegido para la misma no se corresponde con el de otra sociedad ya existente. Este procedimiento es previo al otorgamiento por parte del Notario de la Escritura Pública de constitución de la empresa. El Notario actuante se encarga de notificar al

Registro Mercantil correspondiente la constitución de la empresa y su denominación social.

- Otorgamiento de la correspondiente Escritura Pública ante Notario.
- Inscripción ante el Registro Mercantil correspondiente, antes de la iniciación de la actividad, para lo cual deberán presentar (lo suele hacer el Notario) en dicho Registro Mercantil; solicitud de inscripción, Escritura Pública de Constitución, así como documento acreditativo de haber liquidado el Impuesto de Transmisiones Patrimoniales y Actos Jurídicos Documentados-Operaciones Societarias.

En esta escritura se deberán hacer constar y aprobar los correspondientes Estatutos de la Sociedad.

En la **Escritura Pública** se han de contener unos elementos descriptivos y aclarativos como:

- Nombre, nacionalidad y domicilio de los socios.
- Denominación o razón social.
- Objeto social.
- Duración de la Sociedad.
- Domicilio social.
- Capital social y las participaciones en que se divide.
- Aportación de cada socio y valor atribuido a las aportaciones no dinerarias.
- Persona o personas que han de ejercer la administración.
- Forma de convocar, constituir, deliberar y tomar acuerdos la Junta de Socios.

A su vez los **Estatutos,** que se han de recoger en esta Escritura deberán contener elementos esenciales como:

- Denominación de la Sociedad.

En esta denominación se deberá figurar la indicación de «Sociedad de Responsabilidad Limitada», «Sociedad Limitada», «S.R.L.» o «S.L.»:

- Objeto social y actividades.
- Fecha de cierre del ejercicio social.

- Domicilio social.
- Capital social, participaciones, valor nominal y numeración correlativa.
- Modo de organizar la administración de la Sociedad.

Órganos sociales

ÓRGANOS SOCIALES.–Estas Sociedades para su funcionamiento disponen de unos órganos que van a permitir la dirección y gestión de las mismas. Son estos:

Junta General de socios. Aunque funciona como una Junta General de Accionistas es importante destacar que si los socios son menores de quince los acuerdos pueden ser tomados por correspondencia y sin reunir la Junta.

Administrador o Administradores, o Consejo de Administración.

Éste o éstos habrán de ser nombrados en la escritura de fundación de la Sociedad y ejercerán el cargo durante el período de tiempo que señale la escritura social, es importante destacar que los Administradores no podrán dedicarse por cuenta propia ni ajena al mismo género de comercio que constituye el objeto de la Sociedad.

VENTAJAS.–Las principales ventajas que ofrece son:

- No se exige una elevada cantidad de capital para constituirse, solamente requiere que el capital no sea inferior a 3.005,06 euros.
- La responsabilidad de los socios está limitada a las aportaciones individuales.
- La gestión de la Sociedad y la representación se encomiendan a órganos específicos: Junta General de Socios y Administradores que pueden ser socios o no.
- El capital está dividido en participaciones iguales, acumulables e indivisibles.
- Se pueden transmitir libremente las participaciones, tanto por actos ínter vivos como por mortis causa. Pero se precisa previamente el consentimiento de los demás partícipes para lo cual el socio deberá comunicarlo a los administradores con un plazo de quince días.

Los adquirentes extraños a la sociedad deberán notificar a esta la adquisición.

- Podrán conceder préstamos, garantías y asistencia financiera a otras Sociedades del grupo, pero salvo acuerdo de la Junta General para cada caso concreto, estas opciones financieras no podrán realizarse a favor de sus propios socios y administradores ni anticiparles fondos.
- Las aportaciones no dinerarias no hace falta que sean revisadas en cuanto a su valoración por expertos, si bien los socios responderán solidariamente frente a la Sociedad y frente a terceros de la realidad de las aportaciones y del valor que se les haya atribuido, no se admiten aportaciones de industria o trabajo.

DESVENTAJAS.–Las desventajas a tener en cuenta son las siguientes:

- El capital debe estar totalmente suscrito y desembolsado en su constitución.
- No podrán acordar ni garantizar la emisión de obligaciones u otros valores negociables agrupados en emisiones.
- Hay que celebrar una Junta General de Socios cada año.
- Hay obligación de depositar las cuentas anuales en el Registro Mercantil.

OBLIGACIONES FORMALES:

a) **De carácter laboral y de seguridad social.**

Obligaciones formales: De carácter laboral y S.S.

En la mayor parte de los supuestos, las exigencias de esta normativa, se igualan a las que se han citado para un empresario individual cuando efectúa contratación de trabajadores ajenos por lo que nos remitimos a lo allí explicado como ampliación de cada exigencia.

- Inscripción de la empresa en la Seguridad Social.
- Afiliación de los trabajadores a la Seguridad Social.
- Alta del trabajador en la Seguridad Social.

- Documentos de cotización a la Seguridad Social-Régimen General.
- Libro de matrícula del Personal.
- Libro de Visitas de la Inspección de Trabajo.
- Alta en Contingencia de Accidentes de Trabajo y Enfermedad Profesional.
- Ordenanza General de Seguridad e Higiene en el Trabajo.
- Apertura de Centros de Trabajo.
- Libro de sanciones.
- Calendario y Horario Laboral.

b) **Fiscales.**

- Declaración censal y solicitud del Código de Identificación Fiscal (CIF). Fiscales

El CIF es el número de identificación fiscal que se debe reseñar ante la Administración Tributaria. La declaración censal es, básicamente, un resumen de la situación tributaria en que se encuentra la empresa.

- Impuesto de Transmisiones Patrimoniales y Actos Jurídicos Documentados (Operaciones Societarias). Modelo 600. Se presenta en la Comunidad Autónoma dentro de los treinta días hábiles desde el momento que se cause el acto.
- Declaración de alta en el Impuesto sobre Actividades Económicas.
- Declaración-liquidación del IVA.
- Declaración-liquidación del Impuesto de Sociedades.

Es un impuesto personal y directo que recae sobre los beneficios de las empresas. Se presenta una declaración anual antes del 25 de junio de cada año, así como unos pagos fraccionados en los meses de abril, octubre y diciembre.

- Licencia Municipal de apertura.
- Licencia de Obras y de Apertura.
- Impuesto sobre Bienes Inmuebles.

c) **Mercantiles.**

Mercantiles

• Inscripción de la Sociedad en el Registro Mercantil.

• Presentación de las cuentas, balance e informe de gestión ante dicha Oficina.

Como en los empresarios individuales, pero con una superior exigencia, el ordenamiento jurídico impone a la forma societarias el cumplimiento de una serie de obligaciones formales bajo la forma de exigencia de libros que han de llevar por mandato de la normativa tanto del Código de Comercio como de los distintos impuestos que les afectan.

*a)* COMO OBLIGACIONES CONTABLES MERCANTILES:

Libros

• *Libro diarios.* Libro donde se registrará día a día todas las operaciones relativas a la actividad de la empresa, ordenadas cronológicamente, y con el debido soporte documental (facturas, nóminas, recibos, extractos bancarios, etc.). Es necesario custodiar el Libro Diario y sus soportes de documentación durante seis años. La solicitud de legalización se efectuará mediante instancia por duplicado al Registro Mercantil.

• *Libro de inventarios y balances.* Este libro se abrirá con el balance inicial detallado de la empresa, y recogerá anualmente el inventario, así el balance del ejercicio y la cuenta de resultados reflejarán con claridad y exactitud la situación patrimonial de la empresa y los beneficios o pérdidas de la misma durante el ejercicio. Es necesario custodiar el Libro de Inventarios y Balance y sus soportes de documentación durante seis años. La solicitud de legalización se efectuará mediante instancia por duplicado al Registro Mercantil.

• *Cuentas anuales.* Comprenden el balance, la Cuenta de Pérdidas y Ganancias y la Memoria. Los administradores de la sociedad están obligados a formular en el plazo máximo de tres meses contados a partir del cierre del ejercicio social las Cuentas Anuales y el Informe de Gestión; deberán ser firmados por todos los administradores, éstas se aprobarán por la Junta General de Accionistas en el plazo máximo de seis meses desde la fecha de cierre del ejercicio;

dentro del mes siguiente a la aprobación de las Cuentas Anuales se presentarán para su depósito en el Registro Mercantil del domicilio social.

- *Libro de actas.* En él figurarán todos los acuerdos tomados por las Juntas Generales y por otros órganos colegiados. Estos libros reflejarán los acuerdos tomados por la Asamblea General y por el Consejo Rector. Se legalizará en el Registro Mercantil del domicilio social de la empresa.
- *Registro de las aportaciones sociales/acciones nominativas.* Deberán inscribirse en él las acciones que sean nominativas, así como todas las transacciones que de ellas se den. Se legalizará en el Registro de Sociedades Mercantiles del domicilio social de la empresa.
- *Libro registro de socios.* Donde figurarán los socios de la empresa.

*b)* COMO OBLIGACIONES FISCALES.

b') ***En el Impuesto de Sociedades***



### Por el IRPF

- *Rendimientos de trabajo y actividades profesionales y artísticas.* Las personas jurídicas que satisfagan rentas sujetas a declaraciones de IRPF están obligadas a retener, y a efectuar dicho ingreso a cuenta en cualquier Delegación o Administración de la AEAT. Se realizan cuatro liquidaciones trimestrales por cada ejercicio.
- *Declaracion anual de Rendimientos de Trabajo y Actividades profesionales y artísticas.* Una vez al año se presentará el resumen anual del IRPF referente a rendimientos del trabajo y actividades profesionales y artísticas, en el que se resumirán las cuatro liquidaciones trimestrales que se han efectuado durante el ejercicio.

### Por el Impuesto de Sociedades

- *Pagos a cuenta.* El pago fraccionado del Impuesto de Sociedades es un abono a cuenta por parte de los sujetos pasivos de los supuestos rendimientos a obtener en el ejercicio de su actividad. En definitiva, el fraccionamiento del pago responde a la idea de ingresos a cuenta o anticipo sobre la declaración definitiva del Impuesto de Sociedades. Cuando se realice dicha declaración, habrá que regularizar sus pagos. Se tramitará en la Delegación o Administración de la AEAT correspondiente o en cualquiera de las Entidades colaboradoras.

- *Declaración anual.* Es un Impuesto directo que grava la renta obtenida por las Sociedades Mercantiles. Están obligados a presentarlo todos los sujetos pasivos del mismo con independencia de que hayan desarrollado o no actividades durante el ejercicio y de que hayan obtenido o no rentas sujetas al impuesto. Se tramitará en la Delegación o Administración de la AEAT correspondiente o en cualquiera de las entidades colaboradoras. El tipo general de tributación en el Impuesto de Sociedades es el 35 por 100. No obstante, en las pequeñas y medianas empresas con una facturación inferior a 5 millones de euros, tendrán que pagar un 30 por 100 para los primeros 90.151,82 euros y el resto al 35 por 100.

### Por el IVA

- *Declaración trimestral del régimen anual.* El IVA es un impuesto indirecto que grava las entregas de bienes y las prestaciones de servicios. Se ingresará en la Delegación o Administración de Hacienda o entidad colaboradora, el resultado positivo que se obtenga de deducir el IVA que se ha repercutido a los clientes del IVA que se ha soportado de los proveedores. Si la diferencia fuese negativa, ésta se compensa con las cuotas positivas de las liquidaciones posteriores. Se realizan cuatro liquidaciones trimestrales por cada ejercicio.
- *Resumen anual.* Una vez al año se presentará el resumen anual del IVA, donde se resumirán las cuatro liquidaciones trimestrales que se han efectuado durante el ejercicio.
- *Declaración anual de operaciones con terceros.* Esto es la relación de operaciones económicas que el sujeto pasivo ha tenido con terceras personas durante el ejercicio. La declaración es informativa, no económica, pero su no

presentación es sancionada con multa. Se tramita en la Delegación o Administración de Hacienda correspondiente.

- *Libro de facturas emitidas.* Es un libro donde han de ir anotándose todas las facturas emitidas, registrará día a día todas las operaciones relativas a la actividad de la empresa ordenadas cronológicamente y con el debido soporte documental (facturas, nóminas, recibos, extractos bancarios...). Es necesario conservar el Libro de facturas emitidas y sus soportes de documentación durante seis años. Este se presentará para su diligencia en la Delegación o Administración de Hacienda de la provincia del domicilio fiscal de la empresa.
- *Libro de facturas recibidas.* Es un libro donde han de ir anotándose todas las operaciones relativas a la actividad de la empresa ordenadas cronológicamente y con el debido soporte documental (facturas, nóminas, recibos, extractos bancarios...). Es necesario conservar el Libro de facturas recibidas y sus soportes de documentación durante seis años. Este se presentará para su diligencia en la Delegación o Administración de Hacienda de la provincia del domicilio fiscal de la empresa.

### $B_2$) *SOCIEDAD ANÓNIMA.*

CONCEPTO.–La Sociedad Anónima es una sociedad mercantil de tipo capitalista en la que el capital está dividido en acciones (pequeñas partes del capital) que pueden ser transmitidas libremente y en la que los socios no responden personalmente (con sus bienes particulares) de las deudas sociales. Sociedad Anónima

LEGISLACIÓN BÁSICA.–Real Decreto Legislativo 1564/1989, de 22 de diciembre, Texto Refundido de la Ley de Sociedades Anónimas.

REQUISITOS.–Es preciso, para obtener la personalidad jurídica de la Sociedad, certificación negativa del nombre acreditando que el elegido para la misma no se corresponde con el de otra Sociedad ya existente tiene un plazo de validez de dos meses. Este procedimiento es previo al otorgamiento por parte del Notario de la Escritura Pública de Requisitos

Constitución de la empresa. El Notario actuante se encarga de notificar al Registro Mercantil correspondiente la constitución de la empresa y su denominación social.

- Otorgamiento de la correspondiente Escritura Pública ante Notario.
- Inscripción en el Registro Mercantil correspondiente antes de la iniciación de la actividad, para lo cual deberán presentar (lo suelo hacer el Notario) en dicho Registro Mercantil: Solicitud de inscripción, Escritura Pública de Constitución así como documento acreditativo de haber liquidado el Impuesto de Transmisiones Patrimoniales y Actos Jurídicos Documentados-Operaciones Societarias.

• En la **Escritura Pública** se deberán hacer constar y aprobar los correspondientes Estatutos de la Sociedad.

En la Escritura Pública se han de contener unos elementos descriptivos y aclarativos como:

- Datos personales de los otorgantes.
- Voluntad de estos de constituir una Sociedad Anónima.
- Metálico, bienes o derechos que cada socio aporte, expresando el número de acciones recibidas en pago así como las cautelas acerca de la efectividad de las aportaciones dinerarias y no dinerarias.
- Los gastos de constitución.
- Designación de los Órganos de Administración y datos personales de quienes van a ser los primeros administradores de la Sociedad, así como la nacionalidad y el domicilio, si son personas físicas.

A su vez los **Estatutos** que se han de recoger en esta Escritura de Constitución contendrán necesariamente los elementos esenciales de la Sociedad como:

- Denominación de la Sociedad. En esta denominación deberá figurar la indicación de «Sociedad Anónima» o «S.A.».
- Objeto social.

- Duración de la Sociedad.
- Fecha de comienzo de las operaciones sociales.
- Domicilio social.
- Capital social.
- Número de acciones en que se divide el capital social y su valor nominal.
- Estructura del órgano de administración.
- Fecha de cierre del ejercicio social.

Órganos sociales

ÓRGANOS SOCIALES.–La Sociedad Anónima como forma jurídica que se desenvuelve en el mundo mercantil-empresarial se vale de unos órganos que pueden ser:

*Junta General.* Está constituida por la reunión de los accionistas previamente convocados, para debatir temas de importancia de la Sociedad, como es la de la aprobación de cuentas, distribución de los resultados y aprobación del balance. Pueden ser ordinarias, que se reunirá en los seis primeros meses del año y extraordinarias cuando lo soliciten los Administradores o un número de socios que representen al menos el 5 por 100 del capital social. Las decisiones o acuerdos adoptados se recogen en un acta.

*Consejo de Administración y/o Administrador.* Siempre deberá existir este órgano, es recomendable en pequeñas empresas, la existencia de un Administrador único que puede o no ser socio de la Sociedad. Es conveniente desde un principio, si va a tener retribución, que ésta se fije en el momento de constituirse la Sociedad.

Este Administrador deberá formular en un plazo máximo de tres meses desde el cierre del ejercicio las cuentas anuales, el informe de gestión y la propuesta de aplicación del resultado, teniendo en cuenta en este último aspecto que en el reparto de éstos, si existe beneficio repartible, se habrán de respetar la constitución de reservas de carácter legal, estatutario y voluntarias o facultativas. A su vez este Administrador responde frente a la Sociedad, los accionistas y los acreedores sociales del daño que cause por actos contrarios a la Ley o los estatutos o por los realizados negligentemente. Si no presenta las cuentas en el Registro Mercantil podrá ser sancionado con multa por cada año de retraso en el cumplimiento de la obligación de depósito.

En ocasiones, se puede designar a un Director-Gerente.

VENTAJAS.–Las ventajas que se obtienen son:

- La responsabilidad de los socios está limitada a las aportaciones.
- Se pueden transmitir las acciones mediante su venta.
- Los fundadores pueden reservarse alguna ventaja en el momento de la constitución.
- Se pueden hacer aportaciones no dinerarias, si bien éstas no pueden ser meras aportaciones de industria o trabajo.
- No es preciso el desembolso del total capital, bastará con que esté suscrito en su totalidad, pero el desembolso será suficiente con el 25 por 100.
- Los socios participan en el reparto de los beneficios sociales en función del número de acciones que posea cada uno.

DESVENTAJAS.–Las desventajas son las siguientes:

- Requiere un capital mínimo para constituirse, 60.121,21 euros.
- Su constitución y organización es más compleja que otras formas societarias.
- Se ha de celebrar una Junta de Accionistas al año como mínimo.
- Hay obligación de depositar las cuentas anuales en el Registro Mercantil.
- En las aportaciones no dinerarias hay una salvaguarda para la correcta valoración de los bienes aportados mediante un informe parcial elaborado por uno o varios expertos independientes designados por el Registrador Mercantil.
- Las cuentas anuales y en el informe de gestión antes de que finalice el ejercicio a auditar deben ser revisadas por de cuentas con excepción de las empresas que puedan presentar balance abreviado.

OBLIGACIONES FORMALES.

A) **De carácter laboral y de seguridad social.**

Son iguales que los establecidos para las Sociedades de Responsabilidad Limitada, es decir:

Obligaciones formales: De carácter laboral y S.S.

- Inscripción de la empresa en la Seguridad Social.
- Aplicación de los trabajadores a la Seguridad Social.
- Alta de los trabajadores en la Seguridad Social.
- Documentos de cotización a la Seguridad Social/Régimen General.
- Libro Matrícula de Personal.
- Libro de Visitas de la Inspección de Trabajo.
- Alta en contingencia de Accidentes de Trabajo y Enfermedad Profesional.
- Ordenanza General de Seguridad de Higiene en el trabajo.
- Apertura de Centros de Trabajo.
- Libro de Sanciones.
- Calendario y Horario Laboral.

a) ***Fiscales.***

Fiscales

- Declaración censal y solicitud del Código de Identificación Fiscal (CIF).
- Impuesto de Transmisiones Patrimoniales y Actos Jurídicos Documentados (Operaciones Societarias).
- Declaración de alta en el Impuesto de Actividades Económicas.
- Declaración-Liquidación del IVA.
- Declaración-Liquidación del Impuesto de Sociedades.
- Licencia Municipal de Apertura.
- Licencia de Obras y de Apertura.
- Impuesto sobre Bienes Inmuebles.

b) ***Mercantiles.***

Mercantiles

- Inscripción de la Sociedad en el Registro Mercantil.
- Presentación y depósito de cuentas balance e informe de gestión y de auditoría –si procede– ante dicha Ofici-

na. El plazo de presentación es igualmente de un mes desde la aprobación de las cuentas.

Libros

Por último las exigencias formales se complementan con la obligatoriedad de llevanza de **libros** con varias motivaciones y según los impuestos de que se trate.

Así tenemos:

a) *Como obligaciones contables-mercantiles:*

- Libro Diario.
- Libro de Inventarios y Balances.
- Cuentas Anuales.
- Libro de Actas.
- Registro de Aportaciones Sociales.

b) *Como obligaciones fiscales:*

- Por el IRPF: Rendimientos de trabajo y Actividades Profesionales y Artísticas y declaración anual de Rendimientos de Trabajo y Actividades Profesionales y Artísticas.
- Por el Impuesto de Sociedades: Pagos a cuenta y declaración anual.
- Por el IVA: Declaración trimestral del Régimen anual, resumen anual, Libro de Facturas Emitidas, Libro de Facturas Recibidas y declaración anual de operaciones con terceros.

### $B_3$) *SOCIEDAD ANÓNIMA LABORAL.*

Sociedad Anónima Laboral

CONCEPTO.–La Sociedad Anónima Laboral es una sociedad anónima en la que, al menos, el 5,1 por 100 del capital social pertenece a los trabajadores que prestan en ella sus servicios (trabajan) de forma retribuida, personal, directa, por tiempo indefinido (con un contrato indefinido) y en jornada completa.

LEGISLACIÓN BÁSICA.–Ley 4/1997, de 24 de marzo, de Sociedades Laborales. En todo lo no previsto en el texto, serán de aplicación a las Sociedades Laborales, con carácter general, las normas correspondientes a las Sociedades Anónimas, con las excepciones indispensables para mantener las características propias de la Sociedad Laboral.

Diferencias con otras Sociedades

DIFERENCIAS CON LAS SOCIEDADES ANÓNIMAS.–Dado que a estas Sociedades Anónimas Laborales les es aplicable el régimen de las Sociedades Anónimas en gran parte de los aspectos relativos a la representación, gestión y administración, vamos a señalar las diferencias que con respecto a las citadas Sociedades Anónimas se dan, aplicando en consecuencia al resto de elementos comunes las normas que se recogen en el apartado $B_2$) anterior.

1. En cuanto a su constitución:

**NOTA. También puede constituirse una SOCIEDAD LIMITADA LABORAL en cuyo supuesto se aplican las reglas de las Sociedades Limitadas. (apartado $B_1$).**

- La constitución se formaliza en escritura pública que se inscribe previamente en el Registro de Sociedades Laborales y posteriormente en el Registro Mercantil.
- En su denominación deberá hacerse constar las palabras «Sociedad Anónima Laboral» o su abreviatura «S.A.L.».
- El número mínimo de socios es de 4, y de ellos 3 trabajadores.
- La regulación de estas Sociedades está a cargo del Instituto Nacional de la Economía Social y hoy las competencias se han transferido a las Comunidades Autónomas.

En la constitución hay una serie de bonificaciones fiscales consistentes en:

a) *Impuesto sobre Transmisiones Patrimoniales y Actos Jurídicos Documentados.*

Las Sociedades Laborales que tengan la calificación de «Sociedad Laboral» y que destinen al Fondo Especial de Reserva en el ejercicio que se produzca el hecho imponible el 25 por 100 de los beneficios líquidos, gozarán de los siguientes beneficios:

- Exención de las cuotas devengadas por las operaciones societarias de constitución y aumento de capital y de las que se originen por la transformación de sociedades anónimas laborales ya existentes en sociedades laborales de responsabilidad limitada, así como por la adaptación de las sociedades anónimas laborales ya existentes a los preceptos de esta Ley.
- Bonificación del 99 por 100 de las cuotas que se devenguen por modalidad de transmisiones patrimoniales onerosas, por la adquisición, por cualquier medio admitido en Derecho, de bienes y derechos provenientes de la empresa de la que proceda la mayoría de los socios trabajadores de la sociedad laboral.
- Bonificación del 99 por 100 de la cuota que se devengue por la modalidad gradual de actos jurídicos documentados, por la escritura notarial que documente la transformación de otra sociedad en sociedad anónima laboral.
- Bonificación del 90 por 100 de las cuotas que se devenguen por la modalidad gradual de actos jurídicos documentados, por las escrituras notariales que documenten la constitución de préstamos, incluidos los representados por obligaciones o bonos, siempre que el importe se destine a la realización de inversiones en activos fijos necesarios para el desarrollo del objeto social.

2. En cuanto al capital social:

- El capital social no podrá ser inferior a 60.101,21 euros y ha de estar al menos el 51 por 100 del mismo en manos de los socios trabajadores.
- Las acciones se dividirán en dos clases: las que sean propiedad de los trabajadores cuya relación laboral lo sea por tiempo indefinido y los restantes. La primera clase se denominará «clase laboral» y la segunda «clase general». Las acciones estarán representadas necesariamente por medio de títulos, individuales o múltiples, numerados correlativamente, en los que además de las menciones exi-

gidas con carácter general, se indicará la clase a la que pertenezcan.

- Ninguno de los socios puede poseer acciones que representen más de la tercera parte de capital social, salvo que se trate de sociedades laborales participadas por el Estado, las Comunidades Autónomas, las Entidades locales o las sociedades públicas participadas por cualquiera de tales instituciones, en cuyo caso la participación de las entidades públicas podrá superar dicho límite, sin alcanzar el 50 por 100 del capital social.
- El capital social estará dividido en acciones nominativas. El desembolso de los dividendos pasivos deberá efectuarse dentro del plazo que señalen los estatutos sociales.
- No será válida la creación de acciones de clase laboral privadas del derecho de voto.
- Además de las reservas legales o estatutarias que procedan, las sociedades laborales están obligadas a constituir un Fondo Especial de Reserva, que se dotará con el 10 por 100 del beneficio líquido de cada ejercicio. Sólo podrá destinarse a la compensación de pérdidas en el caso de que no existan otras reservas disponibles suficientes para este fin.
- Derecho de adquisición preferente en el caso de transmisiones ínter vivos.

3. En cuanto a los órganos sociales en estas sociedades hay la peculiaridad de que cuando existan dos clases de accionistas, es decir, existan también socios no trabajadores, ambas estarán representadas en dichos órganos, en proporción a sus aportaciones al capital social. Si no existen más que acciones de clase laboral, los miembros del Consejo de Administración podrán ser nombrados por el sistema de mayorías.

4. Derechos de los trabajadores.

- El número de horas-año trabajadas por los trabajadores contratados por tiempo indefinido que no sean socios, no podrán ser superior al 15 por 100 del total de horas-año trabajadas por los socios trabajadores. Si la sociedad tuviera menos de veinticinco socios trabajadores, el referido porcentaje no podrá ser superior al 25 por 100 del total de horas-año trabajadas por los socios trabajadores. Para el cálculo de estos porcentajes no se tomarán en cuenta los trabajadores con contrato de duración determinada.

$B_4$) *SOCIEDAD COOPERATIVA.*

Sociedad Cooperativa

CONCEPTO.–Son Sociedades de capital variable que asocian en régimen de libre adhesión y baja voluntaria a personas que tienen intereses o necesidades socio-económicas comunes para el desarrollo de una actividad empresarial. Su objetivo es el bien común y no el beneficio económico.

LEGISLACIÓN BÁSICA.–Ley 3/1987, de 2 de abril, y Ley 20/1990, de 19 de diciembre, sobre Régimen Fiscal de las Cooperativas.

DIFERENCIAS CON LAS SOCIEDADES ANÓNIMAS:

Diferencias con otras Sociedades

- No necesitan capital mínimo.
- Han de solicitar la calificación de la Cooperativa en el Registro de Cooperativas.
- Inscripción en el Registro de Cooperativas, no es precisa por tanto su inscripción en el Registro Mercantil.
- La escritura de constitución y los estatutos han de ser firmados por todos los socios ante Notario.
- Los socios se dan de alta o baja voluntariamente.
- Inscripción en el Censo Nacional de Entidades Jurídicas.
- Todos participan con los mismos derechos.
- Se necesita un mínimo de personas para constituirse (las de primer grado 5 y las de segundo o del tercer grado al menos 2 Cooperativistas).
- El órgano soberano es la Asamblea General que será constituyente en el momento inicial y anual en épocas sucesivas. También existe un Consejo Rector.
- En su denominación se hará constar después del nombre «Sociedad Cooperativas» o «S. Coop.».

- Los resultados se imputan a los socios, una vez atendidos los fondos comunitarios.
- Disfrutan de una serie de bonificaciones fiscales en:
- En el Impuesto de Sociedades –Se distinguen los llamados rendimientos o resultados cooperativos, de los rendimientos o resultados extracooperativos.
- En el Impuesto de Transmisiones Patrimoniales y Actos Jurídicos Documentados con exenciones y bonificaciones varias:
- Impuesto sobre Actividades Económicas.
- Impuesto sobre Bienes Inmuebles.

**NOTA. Cabe destacar el concepto de SOCIEDAD LIMITADA NUEVA EMPRESA cuyo proyecto lleva a cabo el Ministerio de Justicia y que se desarrolla en el Capítulo siguiente.**

Otras formas societarias

### C) *OTRAS FORMAS JURÍDICAS*

#### $C_1$) *COMUNIDAD DE BIENES.*

Comunidad de bienes

CONCEPTO.–Son las formadas por varias personas que obstentan la propiedad y titularidad de una cosa o derecho indiviso.

LEGISLACIÓN BÁSICA.–Código Civil artículos 392 a 406.

DIFERENCIAS CON OTRAS FORMAS SOCIETARIAS.

- No tienen personalidad jurídica.
- Su constitución requiere un contrato de Sociedad que puede ser verbal o escrito, siendo voluntaria su elevación a escritura pública ante Notario salvo que se aporten inmuebles o derechos en cuyo supuesto es obligatoria.
- Los socios han de ser mayores de edad y tener la libre disposición de los bienes.
- Sólo pueden ser de bienes o derechos.

- Los pactos se mantienen secretos.
- Los comuneros actúan en nombre propio frente a terceros.
- La responsabilidad de los comuneros es ilimitada y solidaria.
- No se exige capital mínimo.

Sociedad Civil

$C_2$) *SOCIEDAD CIVIL.*

CONCEPTO.–Es un contrato por el cual dos o más personas se comprometen a poner en común bienes, dinero o trabajo para realizar negocios y repartir las ganancias.

LEGISLACIÓN BÁSICA.–Código Civil, artículos 166 y siguientes, y Código de Comercio, artículos 116 y siguientes. En su funcionamiento se aplican casi todas las reglas de la Comunidad de Bienes.

## 2. FINANCIACIÓN DE LA EMPRESA

Financiación

En el apartado relativo a ¿cómo se elabora un PLAN DE EMPRESA? dijimos que en los «Datos Básicos del Proyecto» uno de los apartados más importantes era el de «Inversión y Financiación», donde en grandes cifras deberíamos recoger la «Inversión Total», así como su desglose en «Financiación propia» y «Financiación ajena». A su vez en el «Contenido del Plan» de este mismo apartado desarrollábamos algo más tan importante aspecto, llegando en el apartado 9 «Análisis Económico-Financiero» a concretar, bajo la forma de «Plan de Inversiones» y «Plan de Financiación», cual era el contenido de lo que en el punto de «Datos Básicos» había sido recogido como grandes cifras necesarias, a juicio de los emprendedores y aprendices de empresario que están siguiendo nuestras pautas.

Este Plan de Inversiones y su financiación es lo que ahora vamos a intentar describir recogiéndolo como una opción del iniciador de la idea de empresa, ya que en definitiva y una vez obtenido o calculado el monto necesario para la inversión a realizar, la pregunta que rápidamente ha de hacerse es ¿dónde obtengo yo los recursos financieros que preciso para poner el proyecto en marcha?

La opción va a surgir por cuanto el empresario se va a ver forzado a adoptar una decisión en sentido directo o inverso. En sentido directo situamos al empresario que con la previsión de inversión desea obtener unos recursos ajenos que complementen el capital de que dispone inicialmente o bien en sentido inverso, es decir, con una financiación más o menos garantizada, complementará el plan global, fijando un capital propio que constituirá su aportación inicial. Este último a veces podrá ser mayor o menor según la financiación ajena tenga más o menos posibilidades de ser obtenida.

Está claro también que a veces la cifra de capital inicial puede llegar a ser de tal importancia que puede llevar a la empresa a un callejón sin salida.

Desarrollemos en definitiva ambos Planes empresariales.

### 2.1 PLAN DE INVERSIONES

Plan de inversiones

Este Plan tiene que reflejar que la decisión de invertir en la empresa que pretendemos sea la plasmación de la idea empresarial o de negocio que tuvieron nuestros jóvenes emprendedores en su momento.

Lo que aquí en definitiva vamos a hacer es plasmar el destino que se va a dar a unos fondos financieros con el objeto de obtener una serie de recursos necesarios para la realización de un determinado proceso productivo.

En las páginas anteriores donde recogimos este Plan hemos hablado de Maquinaria, Mobiliario, Equipos informáticos, etc. Esto es lo que en un principio podríamos denominar como ACTIVOS FIJOS.

Cuestiones ligadas con estos ACTIVOS FIJOS nos van a llevar antes de definir los elementos que los componen a algunas consideraciones previas como las siguientes:

- Localización de la empresa. En ocasiones las características del producto, la naturaleza del servicio, la tecnología y otras muchas razones hacen que la localización de la empresa sea un problema importante. Así tenemos, la calificación de suelo en polígonos industriales pueden afectar al preciso del mismo, así como a la obtención de subvenciones de instituciones públicas.

Entre los factores de localización que hay que valorar están los siguientes:

- La proximidad con el mercado objetivo.
- La cercanía a las materias primas.
- El coste de transportes.
- La oferta de mano de obra cualificada.
- La existencia de buenas vías de comunicación.
- El nivel de equipamiento de la zona.
- La posibilidad de tener empresas auxiliares en las proximidades, y
- La previsión de futuras ampliaciones.

- *Características de los activos inmovilizados.* Los activos necesarios para la empresa suponen para ésta el enfrentamiento no sólo a una alternativa de inversión sino a varias con características diversas, por lo que se hace necesario un estudio de las características técnicas, del coste de adquisición, de los gastos operativos, etc.
- *Elección de bienes nuevos o usados.* Es muy importante a la hora de decidir sobre algunos tipos de bienes si éstos es mejor ser adquiridos nuevos o usados. Para ello se considera que deben ser tenidos en cuenta tres factores: el precio, las condiciones de utilización y las posibles subvenciones y ayudas fiscales por la adquisición de activos nuevos.
- *Régimen de adquisición de los bienes.* Aquí habremos de definir si los bienes es preferible comprarlos o alquilarlos bajo las diferentes formas que admite el mercado: Un elemento a influir en la decisión final es el aspecto fiscal de cada opción.

Resueltas las cuestiones anteriores, estamos en disposición de determinar que tipos de activos fijos son los que conforman la empresa.

Son estos:

Activos fijos

### *Inmovilizado material*

Inmovilizado material

Son inversiones que realizará la empresa y que se materializarán en bienes muebles o inmuebles tangibles que no se destinarán a la venta o transformación.

Tendrán un período de duración superior a un año y su deterioro o contribución al proceso productivo se materializará a través de las amortizaciones anuales (a excepción de los terrenos).

Dentro de este capítulo estarían:

- Terrenos
- Edificaciones y construcciones.
- Instalaciones.
- Maquinaria y herramientas.
- Elementos de transporte interior.
- Mobiliario y equipamiento.
- Equipos informáticos y de procesamiento de la información.
- Elementos de transporte.
- Otros inmovilizados materiales.

### *Inmovilizado inmaterial*

Inmovilizado inmaterial

Son inversiones o elementos patrimoniales intangibles que tiene la empresa con carácter estable y que son susceptibles de ser valorados económicamente.

Dentro de este capítulo los más frecuentes son:

- Gastos de investigación y desarrollo.
- Concesiones administrativas.
- Propiedad Industrial.
- Fondo de comercio.
- Aplicaciones informáticas.
- Derechos de traspaso.

### *Gastos amortizables*

Gastos amortizables

Son aquellos gastos en que se incurre hasta el comienzo de la actividad. Forman parte de ellos los gastos de primer establecimiento y los gastos de constitución. Tienen consideración de gastos plurianuales y por lo tanto susceptibles de ser amortizados anualmente.

Los más comunes son los de los abogados, notarios, registros, etc., ligados a la constitución de la personalidad jurídica de la empresa.

### *Inmovilizado financiero*

Inmovilizado financiero

Lo constituye fundamentalmente:

Inversiones financieras permanentes.
Fianzas y depósitos.
Inversiones financieras en empresas del grupo.

### *Inversión en CAPITAL CIRCULANTE*

Activo circulante

La inversión vinculada al ciclo de explotación de la empresa se denomina capital circulante, y determina el volumen de recursos financieros que un proyecto necesita tener de forma permanente para hacer frente a las exigencias del proceso productivo.

Período de maduración es el tiempo que transcurre entre la adquisición de las materias primas y el cobro del producto de las ventas, y determina con otros factores el volumen de fondos necesarios para el capital circulante.

También se puede decir que el capital circulante es el activo circulante menos el pasivo circulante.

Las partidas que suelen conceptuarse como circulante destacan:

*Activo circulante*

- Cajas y bancos.
- Clientes, deudores y efectos a cobrar.
- Existencias de materias primas.
- Existencias de productos semielaborados.
- Existencia de productos terminados.
- Inversiones financieras a corto plazo.

*Pasivo circulante.*

- Proveedores y acreedores.
- Efectos a pagar.
- Anticipo de clientes.
- Préstamos a corto plazo.
- Impuestos a pagar.

## 2.2 PLAN DE FINANCIACIÓN

Plan de financiación

Una vez que hemos confeccionado el PLAN DE INVERSIONES obligadamente nuestros empresarios se han de situar en la pregunta siguiente que ya se hicieron al confeccionar dicho Plan:

¿Dónde obtendremos los recursos financieros necesarios para poner el Proyecto en marcha?

Claramente son dos las fuentes a las que todo emprendedor debe acudir: fuentes propias y fuentes ajenas.

Fuentes propias

Las primeras van a estar representadas por el capital propio que en ocasiones puede abarcar la totalidad de las necesidades del Plan de Inversiones previsto. Aunque esta coyuntura exista no siempre tiene por que ser la más conveniente, en cualquier caso la situación más previsible y casi generalizada de los que se inician en el campo empresarial es que para realizar el Proyecto de Empresa advierten que no es suficiente con la cantidad de que se dispone inicialmente para ponerle en marcha, por lo que es necesario ponerse a idear fórmulas para conseguir la financiación que se precisa.

Fuentes ajenas

Así habremos de hablar de FUENTES AJENAS, es decir aquellas que podemos obtener fuera de los recursos propios disponibles.

A este respecto pueden establecerse dos grandes grupos de fuentes de financiación:

- A corto plazo.
- A largo plazo.

La diferencia entre ambas es de gran importancia para la empresa ya que: a) va a ser distinto el procedimiento para su obtención, b) las entidades que los conceden son distintas generalmente y c) el destino que va a dar la empresa a dichos fondos en una buena gestión empresarial va a ser también distinto.

En efecto y en principio los recursos financieros a corto plazo deben ser destinados a financiar la actividad típica u ordinaria de la actividad empresarial (compra de materias primas, pago de suministros, etc.), mientras que los recursos a largo plazo habrían de financiar la estructura fija de la empresa (elementos del inmovilizado, como la adquisición de un elemento de transporte o de un equipo informático). Esto no siempre es así, e incluso es muy conveniente que una parte de los recursos a largo plazo de la empresa (sean estos propios o ajenos) estén financiando parte de aquella actividad típica a la que antes hacíamos referencia. Esto es lo que se suele conocer con el nombre de fondo de rotación o maniobra.

Por otra parte también la forma de obtener estos recursos a corto y largo va a ser de gran interés para la empresa desde el momento y hora en que un buen aprovechamiento en su obtención evitará costos considerables que de otro modo habría de soportar.

Así los recursos ajenos a corto plazo pueden provenir, por ejemplo, de los mismos proveedores de nuestras materias primas, cuando acordamos con ellos el pago a noventa días, o bien de un banco cuando nos descuenta letras de cambio.

Por el contrario los recursos a largo plazo provendrán generalmente de una entidad bancaria cuando nos concede un préstamo a un año o más tiempo, o nos abre una línea de crédito que es renovada continuamente.

En todo caso es preciso ser cuidadoso a la hora de elegir nuestras fuentes de financiación a corto y a largo plazo, no sólo por el mayor o menor coste que implican, sino también por los peligros que suponen los llamados desfases o picos de tesosería.

También es posible hablar en cuanto a financiación ajena de una clasificación según la procedencia territorial, así puede hablarse de financiación interna del país o de financiación externa e internacional, por ejemplo de la Unión Europea.

Desde este punto de vista la financiación interna del país podrá subdividirse en varios apartados: Así tenemos:

Financiación bancaria comercial

- **Financiación bancaria comercial:** Se trata de recursos a corto plazo en forma de créditos y préstamos a menos de un año, líneas de crédito y descuento comercial y una larga serie de productos que es posible hallar en cualquier entidad financiera.

Aquí se presenta en ocasiones para las empresas un problema importante de opción ¿cuándo acudir a un préstamo? ¿cuándo acudir a un crédito?

Será conveniente explicar a nuestros jóvenes empresarios la esencia y las diferencias entre ambos.

Contrato de préstamo es aquel en el que la entidad financiera entrega al cliente una cantidad de dinero, obligándose este último al cabo de un plazo establecido a restituir dicha cantidad, más los intereses devengados.

Contrato de crédito de cuenta de corriente es aquel en el que la entidad financiera se obliga a poner a disposición del cliente fondos hasta un límite determinado y un plazo prefijado, percibiéndose periódicamente los intereses sobre las cantidades dispuestas, movimientos que se reflejarán en una cuenta corriente.

Realizada la definición ¿qué diferencias se dan entre ambos para hacerles más asequibles y más convenientes como medio de financiación de la empresa?

- La diferencia esencial entre ambas operaciones estriba en que el préstamo la entrega del dinero es simultánea a la firma del contrato, en tanto que en las operaciones de crédito lo que se reconoce por el prestamista es un compromiso de entrega de dinero hasta un límite máximo mediante la disposición por parte del prestatario en la cuenta corriente abierta al efecto.
- Como instrumento de financiación, el crédito personal y el empresarial de inversión se suele utilizar de forma

inmediata para los fines que se solicitó, por lo que se opta por el préstamo.

Cuando lo que se quiere financiar es circulante o para procesos largos de inversión, normalmente se solicitan créditos en cuenta corriente.

- Según la formalización, en ambos es práctica habitual la intervención por fedatario público, y la mayoría se formalizan en póliza, ya que la simplicidad del procedimiento de intervención y el coste lo recomienda.

En algunos casos es obligatoria la escritura pública, como en el supuesto de que existan garantías hipotecarias, se trate de operaciones complejas o de elevado importe.

- En cuanto a la prelación en procesos de ejecución, la póliza que formaliza una operación de préstamo es un documento que acredita una deuda líquida y exigible por sí misma, y en el caso de cuenta de crédito, la deuda no es líquida o exigible, sino que requiere un proceso para la fijación del saldo final para su liquidación.

Financiación bancaria a largo plazo

- **Financiación bancaria a largo plazo:** De igual modo las entidades financieras, bancarias y no bancarias son fuente de recursos a largo plazo para la empresa en forma de préstamos a más de un año para la financiación de inversiones.

Sociedades de Garantía-Recíproca

- **Sociedades de Garantía Recíproca:** Estas Sociedades conceden avales a las PYMES para que puedan acceder a la financiación bancaria. Para poder operar con una de estas Sociedades es preciso ser empresario, contar con un proyecto empresarial viable y adquirir la condición de socio partícipe mediante la suscripción de la cuota social correspondiente.

Leasing

- **Leasing:** Mediante el arrendamiento financiero el empresario puede disponer de bienes muebles o inmuebles mediante su alquiler, con una opción de compra de los mismos al finalizar el período de tiempo establecido en el contrato. A cambio debe pagar unas cuotas de leasing periódicamente a la empresa arrendataria, cuotas que son íntegramente deducibles en el impuesto directo que grava la renta de la empresa.

Factoring

- **Factoring:** Aunque esta fuente de financiación a corto plazo no es muy conocida aún en España, en el futuro es de prever que conozca un mayor auge por las ventajas que puede reportar a determinadas empresas. Consiste, a grandes rasgos, en la cesión o venta de los efectos a cobrar de la empresa a un factor, quien soportará en adelante el riesgo de impago derivado de tales efectos, a cambio de soportar el oportuno descuento.

Renting

- **Renting.** Fórmula utilizada principalmente en la adquisición de vehículos. Aquí el objeto adquirido queda íntegramente en poder de la empresa renting, pagando el usuario las cuotas mensuales correspondientes. Incluye el renting todos los Servicios, adquisición, matriculación, seguro, etc., solamente el usuario pagará el suministro de gasolina.

También hay otras fórmulas menos usadas en España pero que también empiezan a tener importancia como son, el Forfaiting, el Confirming, etc.

Estas fuentes que podrían llamarse privadas se complementan con otras de carácter más o menos público especializadas en habilitar programas que faciliten diferentes modalidades de financiación según el carácter y finalidad del proyecto de inversión al que se destinan. Son éstas:

Microcréditos

- Programa de Microcréditos para mujeres Emprendedoras y Empresarias.
- Programa de Microcréditos en general.

Estos programas se consideran hoy un instrumento financiero muy importante dirigido a aquellas microempresas, personas físicas o actividades económicas que encuentran dificultades de acceso a los canales habituales de financiación.

Estos microcréditos son propuestos y concedidos por el ICO como medio para promover la creación de empresas, favorecer la aparición de emprendedores e impulsar un desarrollo económico y social equilibrado buscando al mismo tiempo crear las condiciones para eliminar la exclusión social.

Los recursos disponibles son 12 millones de Euros ampliables a 18 millones hasta diciembre 2003.

Son beneficiarios de esta línea aquellas personas físicas o microempresas que por carecer de garantías e historial crediticio tengan dificultades de acceso a la financiación por los canales habituales del sistema financiero.

Son preferentes para obtener la financiación quienes se encuadren dentro de los grupos de población siguientes:

- Mayores de 45 años.
- Hogares monoparentales.
- Inmigrantes.
- Mujeres.
- Discapacitados.
- Parados de larga duración.

Son financiables las inversiones en activos nuevos productivos incluyendo un porcentaje de circulante ligado a la inversión a realizar, pudiendo llegar la financiación hasta un 95 por 100 de la inversión a realizar, sin establecer límites en cuanto a distribución de activos.

El préstamo máximo es de 25.000 euros por proyecto de inversión y año, su duración es de 2 ó 3 años sin período de carencia y sin solicitud de avales o garantías de ningún tipo.

**Otros**

AXIS. AXIS Participaciones Empresariales.

ICO. Instituto de Crédito Oficial.

ASCRI. Asociación Española de Capital Inversión.

Entidades de Capital Riesgo.

ENISA. Empresa Nacional de Innovación.

SGR. Sociedades de Garantía Recíproca (ya citada).

CESGAR. Confederación Española de Sociedades de Garantía Recíproca.

CERSA. Compañía Española de Reafianzamiento.

CDTI. Centro para el Desarrollo de Tecnología Industrial.

No debe olvidarse en esta descripción de instituciones que colaboran en la financiación de las empresas el trascendente papel que juegan las Cámaras de Comercio.

Así la Cámara de Madrid ofrece a los empresarios madrileños diferentes fórmulas para financiar sus proyectos de inversión en condiciones muy ventajosas. Tanto en tipos de interés como plazos de amortización y comisiones a través de los convenios que, por un importe de 725 millones de euros, tiene suscritos con las principales entidades financieras. A su vez destaca en esta institución las líneas de financiación que van desde Activos fijos con el 100 por 100 del proyecto de inversión, pasando por Líneas para Capital Circulante, Descuento de papel comercial, Factoring, Leasing, Mobiliario e Inmobiliario, Mercado hipotecario, hasta llegar al Comercio Exterior.

Financiación internacional

La gran importancia que para la internacionallización de las empresas va a tener la financiación empresarial nos lleva al conocimiento de otras instituciones especializadas que van a fomentar la financiación, el asesoramiento y el fomento de proyectos de inversión de empresas españolas en el exterior. Son estas:

COFIDES – Compañía Española de Financiación del Desarrollo.

CESCE – Compañía Española de Seguros de Crédito a la Exportación.

Expansión Exterior.

ICO – Instituto de Crédito Oficial.

ICEX – Instituto Español de Comercio Exterior.

Endeudamiento de las empresas

Una cuestión muy ligada a esta financiación empresarial y cuya transcendencia puede llegar a ser decisiva en la concesión o no del préstamo por la entidad bancaria es lo que se conoce con el nombre de situación de endeudamiento de la empresa.

El ratio de endeudamiento (o leverage en lengua anglosajona) representa la proporción que existe en una empresa entre la cuantía de sus capitales propios y los capitales obtenidos de terceros.

Este ratio o proporción puede ser muy diverso en cada empresa, si bien podemos decir que el ratio es 1:1 cuanto la cuantía de los capitales propios es exactamente igual que la de los ajenos. Para muchos autores es la situación ideal, pues la actividad empresarial está siendo financiada a partes iguales por el empresario y por terceras personas. Esta situación sin embargo es más bien teórica e ideal ya que lo que sí es cierto es que, de entrada, es muy difícil conseguir un volumen de financiación equivalente al capital del que ya disponemos nosotros para poner en marcha una empresa. En la práctica, será necesario disponer de la mayor parte del capital preciso para iniciar el negocio, y confiar en que seamos capaces de lograr financiación para el resto de nuestras necesidades de determinadas instituciones que estén dispuestas a confiar en nuestra idea.

Ahora bien, también hemos dicho que existían programas que posibilitan la financiación para las empresas de la Unión Europea. En efecto existe una infinidad de posibilidades de financiación para las empresas dentro de las distintas políticas comunitarias, como, por ejemplo, los programas comunitarios en los ámbitos de la investigación y el desarrollo tecnológico, la formación o los programas comunitarios que apoyan la constitución de empresas conjuntas, etc. La financiación comunitaria suele hacerse en forma de subvenciones, préstamos o garantías. Las iniciativas comunitarias más recientes tienen por objeto el desarrollo de los mercados europeos de capital de riesgo, en los que el apoyo puede prestarse en forma de capital o cuasicapital.

Todas las operaciones de financiación comunitaria persiguen objetivos precisos y prioridades fijadas con arreglo a distintas políticas comunitarias, que, a su vez, se basan en las disposiciones de los Tratados de las Comunidades Europeas. En general, para poder optar a una financiación comunitaria, la empresa y su proyecto han de ajustarse a los objetivos específicos de un programa o instrumento o satisfacer determinados criterios ligados a éstos. Dichos criterios se indican claramente en las explicaciones que se ofrecen del programa o instrumento y en los documentos de solicitud.

Muchos de los programas o instrumentos tienen plazos específicos de solicitud o períodos o épocas concretas del año en los que se pueden presentar peticiones a la Comisión Europea o los intermediarios que se designen, normalmente mediante una convocatoria de propuestas, decisión o cualquier otro tipo de anuncio oficial que se publica en el Diario Oficial de las Comunidades Europeas. Además hay una serie de programas que se mantienen abiertos durante varios años.

### 2.2.1 Ayudas y subvenciones

Ayudas y subvenciones

El intento de fomentar el desarrollo económico de cada país en los sectores que se consideran potencialmente más favorables para el crecimiento económico, llevan generalmente a instituciones pública, incluida el Estado a la búsqueda de un régimen de Ayudas y Subvenciones.

Ciertamente son múltiples las posibilidades que existen de encontrar una ayuda que se ajuste a las necesidades de cada emprendedor.

Estas ayudas que proceden según decimos de instituciones y órganos oficiales son además muy variadas. Así destacan: ayudas a la inversión, incentivos fiscales, ayudas a la innovación, ayudas a la contratación de trabajadores, etc.

También las ayudas pueden ser tanto del Estado como de las Comunidades Autónomas, las cuales están realizando un destacado papel tanto para la creación de empresas como para el fomento de turismo, energías renovables, tecnología y mejora de la calidad industrial, artesanía, etc.

Los programas de ayuda que actualmente existen se pueden clasificar en:

1. ***Ayudas a nivel estatal.***

Estatal

Ayudas para la realización de proyectos empresariales a cargo de ENISA, Empresa Nacional de Innovación.

Iniciativa PYME de desarrollo industrial a cargo del IMPI, Instituto de la Pequeña y Mediana Empresa.

Promoción de empleo autónomo a cargo del INEM, Instituto Nacional de Empleo.

Promoción de Sociedades de acciones colectivas a cargo del IMPI.

Promoción de iniciativas locales para la creación de empleo a cargo del INEM.

Plan Nacional de formación e inversión profesional a cargo del INEM.

La variedad de los programas de estas ayudas va desde apoyo a la iniciativa PYME de desarrollo empresarial hasta el apoyo de proyectos de I+D, sector turístico, inversiones culturales, energías renovables, etc.

2. ***Ayudas a nivel de Comunidad Autónoma.***

Comunidad Autónoma

Como ya se ha dicho estas ayudas son en la actualidad de una gran importancia.

En conjunto las Comunidades disponen de unos programas comunes como son los de: Creación de empresas tanto de nueva creación como de modernización y reorganización; también tienen programas de desarrollo industrial y todo un conjunto de programas PYME tanto de iniciativa como de financiación privilegiada y de mejora de la competitividad.

A su vez y dada la distinta situación socio-económica de cada Comunidad, éstas presentan programas especiales de apoyo como son:

*Andalucía.*–Además de los ya citados programas comunes, dispone de programas de apoyo al turismo, a la seguridad y calidad industrial, energías renovables, promoción a la economía social, etc.

*Aragón.*–Son programas especiales, los de zonas de influencia socio-económica de espacios naturales, desarrollo de nuevas estructuras productivas en sectores de futuro, sector artesano, además de los bastante generalizados programas de apoyo al sector turístico y fomento de energías renovables.

*Asturias.*–Como programas especiales están el de nuevas estructuras productivas para la diversificación del tejido industrial y los de financiación privilegiada y mejora de la competitividad de las PYME de gran importancia en la región asturiana.

*Baleares.*–Destacan el fomento de la reindustrialización y apoyo al sector artesano.

*Canarias.*–Son programas destacados, los de modernización y reorganización de empresas, así como el de nuevas estructuras productivas para la diversificación del tejido industrial.

*Cantabria.*–Tiene especiales programas para el sector artesano y de apoyo al sector de transporte por carretera.

*Castilla-La Mancha.*–Son destacables los programas de apoyo al turismo, a la artesanía, a la reconversión del sector textil-confección, así como a las energías renovables.

*Castilla-León.*–Aquí se han establecido sectores de especial interés como son los de industrias extractivas manufactureras, servicios de apoyo industrial e infraestructuras turísticas. También por su destacado interés hay un programa de fomento de las zonas mineras del carbón y de apoyo a la dinamización plurisectorial.

*Cataluña.*–Son programas en los que la Comunidad presta apoyo, los de turismo y desarrollo del medio rural.

*Comunidad Valenciana.*–Hay programas de apoyo para creación de empresas por jóvenes, de apoyo al turismo, así como incentivos para empresas afectadas por el síndrome ARDYSTIL.

*Extremadura.*–Con una abundancia de programas comunes destacan los de fomento de la reindustrialización, así como los de apoyo al sector artesano.

*Galicia.*–Se han considerado programas especiales los de fomento de la cooperación empresarial para la dinamización plurisectorial, así como los de mejora de la competitividad por implantación de tecnologías de la información.

*La Rioja.*–Los programas especiales son dirigidos especialmente a las pequeñas empresas.

*Madrid.*–Programas como fomento de la calidad, de la innovación, de las tecnologías de la información, de la eficiencia energética, del sector turístico junto a la calificación de zonas prioritarias son aspectos destacados en esta Comunidad.

*Navarra.*–Medio ambiente, riesgos laborales son actuaciones merecedoras de apoyo.

*País Vasco.*–Se han diversificado y regionalizado los programas, como pueden ser de apoyo a la moda, al sector artesano, al transporte e incluso programas de mejora de la gestión.

Para poder conocer las exigencias y los requisitos que imponen estas Comunidades, se han establecido servicios de información además de la que suministran las respectivas Cámaras de Comercio.

Nuestros jóvenes y prometedores empresarios han de considerar que, tras el meditado y razonado planteamiento, tras las promesas más o menos expresas de las entidades bancarias, así como después de una esperanzadora promesa de ayudas y subvenciones, les va a quedar la parte que podríamos calificar de verdadera solución a sus valiosas ideas.

Como en el Capítulo I se dice nuestros emprendedores tienen dos versiones sobre la realidad de crear una empresa. Una bastante pesimista que alguien que lo había sufrido no dudó en calificar de casi «invencible», esto es el «papeleo administrativo burocrático» consistente en un desfile interminable de Ministerios, Oficinas Públicas varias, papeles y más papeles, ventanillas varias, el «vuelva usted mañana», le faltan fotocopias, etc. Por el contrario, alguien más actual en su aventura les ha hablado de la «ventanilla única» como una experiencia muy positiva y que permite acelerar la puesta en marcha de la proyectada empresa.

Pero ¿de verdad existe la **ventanilla única empresarial?,** ¿qué es?, ¿en qué consiste?, ¿cuál es su objetivo?, ¿está generalizada o es un proyecto teórico pendiente de poner de acuerdo a muchas partes interesadas?

Todas estas preguntas vamos a intentar resolvérselas entrando en conocimiento de lo que es la citada VENTANILLA única.

## 1. LA VENTANILLA ÚNICA EMPRESARIAL

Ventanilla única empresarial

Parece necesario en principio decir lo que es esta ventanilla calificada de única. En principio habría que decir que **único** se opone a **diverso, multiple, variado,** es decir frente a la cantidad de ventanillas que debe visitar quien pretenda crear una empresa, dada la variedad de órganos, instituciones públicas, semipúblicas, etc., que en virtud del llamado principio de competencia en Derecho Administrativo, debe y tiene que opinar para que pueda ver la luz un proyecto, en nuestro caso empresarial, se debe entender que **única** será establecer una sola ventanilla donde proceda y que ésta reparta y distribuya los documentos entre las Oficinas que sean competentes, evitando así el desplazamiento de los interesados con la considerable pérdida de tiempo que ello conlleva y el gasto que igualmente comporta.

Ahora bien, podría pensarse que esta propuesta con ser importante no es completa, ya que si únicamente se evita el desplazamiento de los promotores se evitará ese inicial desplazamiento físico para convertirlo, a lo peor, en posteriores desplazamientos para ir completando aquello que en la fase inicial no se les ha advertido, transformamos así el desplazamiento físico que exigen las ventanillas múltiples en desplazamiento temporal que puede exigir la ventanilla única, simplemente concebida de esta manera.

Es por ello que la ventanilla única debe ir más allá, es decir, debe realizar una función de información y asesoramiento en evitación de posteriores desplazamiento.

¿Qué es?

¿Qué es y como está concebida la **ventanilla única empresarial**?

Sería conveniente en principio hacer una pequeña historia de este proyecto.

Cuando un particular quiere entrar en contacto con otro, se suele decir «hay que llamar a su puerta», bien sea la puerta en sentido físico o bien telefónico, u otros medios actualmente. Lo cierto es que hay que franquear esa puerta para entrar en contacto con otra persona.

Pues bien, la Administración en sus relaciones con los particulares también tenía una puerta de acceso, la cual había que traspasar si queríamos entrar en contacto con ella.

Los Registros de las Administraciones Públicas se pueden considerar las verdaderas «puertas de entrada» de los ciudadanos, ya que estos Registros van a ser los lugares en los que aquéllos han de presentar sus solicitudes, escritos o comunicaciones de cualquier tipo.

Antes del año 1992 los ciudadanos sólo podían presentar sus solicitudes y escritos en los «Registros de los órganos a que dichos documentos iban dirigidos» y como mucho en los Registros de los antiguos Gobiernos Civiles.

Después de 1992 se publica una Ley, la Ley 30/1992, que permite, dada la diversificación que se ha producido en la Administración del Estado, con la creación de las Comunidades Autónomas, que los escritos que pueden ser dirigidos a la Administración General del Estado, de las Comunidades Autónomas y de las Entidades Locales puedan ser presentados en cualquier órgano de estas tres Administraciones (si bien con las Entidades Locales requiere un convenio previo).

Esta apertura de la Ley 30/1992 tiene un desarrollo inmediato en un Acuerdo del Consejo de Ministros del año 1996 que formaliza numerosos convenios con Entidades Locales para permitir la presentación indiscriminada de cualquier escrito de los ciudadanos.

En el año 1997 se da un paso más para llevar adelante una participación coordinada entre las tres Administraciones citadas, abriendo así una segunda fase del proyecto de «ventanilla única».

Por fin en el año 1999, en el mes de diciembre y previa incorporación del Consejo Superior de Cámaras, nace el servicio de **«la ventanilla única empresarial».**

De una forma sencilla podemos definirla como «un servicio que hace posible realizar todos los trámites de creación de una empresa en el mismo lugar».

Una definición más detallada y que responde más a la verdadera finalidad de esta ventanilla es considerarla como «un programa impulsado por la Administración General del Estado, del Consejo Superior de Cámaras de Comercio; diversas Comunidades Autónomas y Ayuntamiento para establecer *centros de atención integral* al emprendedor en los que, de forma totalmente gratuita, se prestan *Servicios de Orientación* y tramitación a cualquier ciudadano que desee establecerse como empresario».

Es decir, con esta ventanilla única pueden realizarse la mayoría de los trámites administrativos para la creación de una empresa. En este caso, la burocracia inherente a la creación y puesta en marcha de una empresa se reduce enormemente, con lo que se consigue una reducción en los tiempos de tramitación y una mayor comodidad para los emprendedores, ya que no es necesario desplazarse de una dependencia administrativa a otra para tramitar la creación de una empresa.

El objetivo de este programa arranca de una realidad palpable y triste que según un estudio de las Cámaras de Comercio españolas es el siguiente:

Hasta el año 2000, más o menos (y actualmente en los supuestos en que no se haya implantado este proyecto), puede afirmarse que para crear una empresa, el esforzado empresario debe rellenar hasta 70 impresos para montar un negocio, cuando se ha detectado que en 11 de ellos se piden los mismos datos. También ha de decidir en cual de los más de 50 registros públicos para empresas se inscribe, solicitar un promedio de 5 permisos y autorizaciones para ejercer su actividad, realizar gestiones ante más de 20 organismos públicos durante su vida y cumplimentar 50 impresos anuales.

¿Cuáles son los objetivos?

Todo ello indicaba una falta grave en la gestión de creación de empresas, al mismo tiempo que exigía unos desembolsos considerables. A su vez ante esta situación el objetivo de Ventanilla única va a ser doble:

a) *Facilitar la tramitación acercando la Administración al ciudadano.*

Para ello y dada su consideración de centro de atención integral en un solo espacio físico, va a ser posible realizar los trámites necesarios para la puesta en marcha de una empresa cuya competencia corresponde a: Hacienda, la Tesorería de la Seguridad Social, la Comunidad Autónoma y el Ayuntamiento.

b) *Informar y orientar al emprendedor.*

El emprendedor recibe un asesoramiento integral en los diversos aspectos que comporta la creación de una empresa, viabilidad del proyecto, sobre los trámites necesarios para la constitución de empresas, sobre las posibles formas jurídicas, los medios de financiación, las ayudas y subvenciones públicas para la creación de empresas y el autoempleo, incluso sobre la obtención de documentos, trámites, licencias, etc.

Con ello se viene a estimar que el tiempo máximo para la creación de una empresa, bien individual, bien en forma societaria, sea de dos o tres meses.

Parece que el optimismo en nuestros jóvenes y futuros empresarios puede adquirir carta de naturaleza.

Pero aún les quedan dudas que es conveniente resolver para que el citado proyecto, del cual las Administraciones Públicas hacen mucha publicidad, les resulte creíble ¿cómo están organizadas las Ventanillas Únicas Empresariales?, ¿cuántas existen en la actualidad?, ¿hay una estadística de resultados de esta creación?

Si podemos darles contestación en unos términos aceptables, puede que, por fin, se decidan a alumbrar el proyecto que en sus mentes de jóvenes emprendedores tanta ilusión les ha venido haciendo.

¿Cómo están organizadas?

¿Cómo están organizadas?

En términos generales y para responder al concepto dado de Ventanilla única debemos decir que hay tres áreas sucesivas de atención:

**Información y Direccionamiento.**
**Asesoramiento.**
**Tramitación.**

Todo ello se complementa con técnicos expertos en cada materia, los cuales se encargan de asegurar la agilidad en la realización de los trámites y un servicio de atención personalizado.

Informar y dirigir

En el área de **Información y Direccionamiento** el funcionario responsable de la misma se encarga de dirigir al emprendedor al área de atención adecuada, en función de sus necesidades y de atender las peticiones de información básica sobre creación de empresas. Es el primer filtro de las visitas a la Oficina. Aquí se entrega la documentación básica para la creación de empresas.

Asesorar

En el área de **Asesoramiento** los Orientadores informan al emprendedor, en atención al grado de maduración/definición de los proyectos aportados, sobre las formas jurídicas adecuadas, los medios de financiación privada, las ayudas y subvenciones públicas. En caso de que el emprendedor desee formalizar su proyecto en la Ventanilla única Empresarial, el Orientador abre a través del Cuestionario único un expediente de tramitación, procediendo a la toma de datos del proyecto y del emprendedor.

Tramitar

Por último en la **Tramitación** un Funcionario de Cabecera coordina la realización de los tramites correspondientes, en estrecha colaboración con los funcionarios de la AEAT, de la Tesorería de la S.S., de la Comunidad Autónoma y del Ayuntamiento, presentes en la Ventanilla única Empresarial.

Los Servicios que principalmente realizan se pueden concretar en:

**Licencias Municipales:** Licencias de apertura, Licencias de obra menor, Licencias de actividad, Licencias sobre ocupación del dominio público (mesas, sillas y parasoles), solicitud de vados, etc.

**Trámites fiscales:** Obtención del Código de Identificación Fiscal, alta en el Impuesto de Actividades Económicas, Declaración Censal, emisión de etiquetas fiscales, etc.

**Trámites de Trabajo y de Seguridad Social:** Inscripción de la empresa y apertura de cuenta de cotización, afiliación y alta de los trabajadores en los regímenes correspondientes, formalización de la cobertura de riesgos profesionales con la Seguridad Social, Libros Obligatorios, etc.

**Autorizaciones y Registros de competencia de las Comunidades Autónomas:** Autorizaciones y registros específicos según la actividad a desarrollar.

**Orientación profesional:** Informe sobre medios de financiación públicos, ayudas, subvenciones, etc.

**Orientación administrativa:** Trámites de cualquier naturaleza, incluidas ayudas y subvenciones.

Dentro de este amplio compromiso adquirido entre las tres Administraciones Públicas citadas y las Cámaras de Comercio hay que destacar que las propias Cámaras de Comercio han establecido una colaboración con el Registro Mercantil Central mediante el cual puede llegar a obtener el certificado de Denominación Social vía Internet, con lo cual este trámite aporta mayor agilidad a la hora de solicitar el nombre social.

¿Cuántas están funcionando?

Cuántas *Ventanillas Únicas* hay en la actualidad.

Se cifran éstas en un total de diecisiete establecidas en:

**Valladolid:**

Avda. Ramón Pradera, s/n (Feria de Muestras)

**Palma de Mallorca:**

C/ Estudi General, 7

**Santa Cruz de Tenerife:**

Plaza de la Candelaria, 1

**Las Palmas de Gran Canaria:**

C/ León y Castillo, 24

**Madrid:**

Plaza de la Independencia, 1

**Getafe:**

C/ Diesel, s/n. Polígono Industrial «EL LOMO».

**Burgos:**

C/ San Carlos, 1

**Murcia:**

Plaza San Bartolomé, 1

**Oviedo:**

C/ Santa Susana, 6

**Zamora:**

C/ Pelayo, 6

**Navarra:**

C/ General Chinchilla, 4

**Segovia:**

C/ Fernán García, 1-1.º

**Toledo:**

Avda. Reyes Católicos, s/n

**Sevilla:**

Plaza de la Contratación, 7

**Valencia:**

C/ Poeta Querol, 15.

**Ávila:**

C/ Eduardo Marquina, 6

**Zaragoza:**

P.º Isabel la Católica, 2

¿Qué resultados actuales se han obtenido?

Por último, las estadísticas disponible en relación con las Ventanillas Únicas empresariales existentes a 31 de mayo 2002 son según datos de la Dirección General de Política de las PYMES las siguientes:

a) *Cifras consolidadas de creación de empresas en funcionamiento*

**Cifras consolidadas de creación de empresa en la Ventanilla Única Empresarial**

Fecha actualización: 31 de mayo de 2002

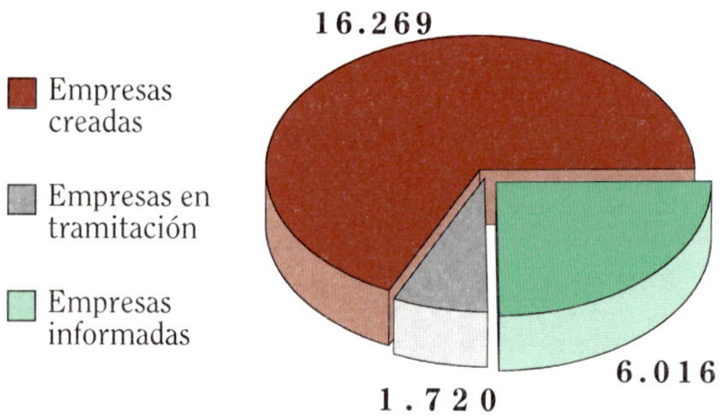

b) *Creación de empresas por Forma Jurídica.*

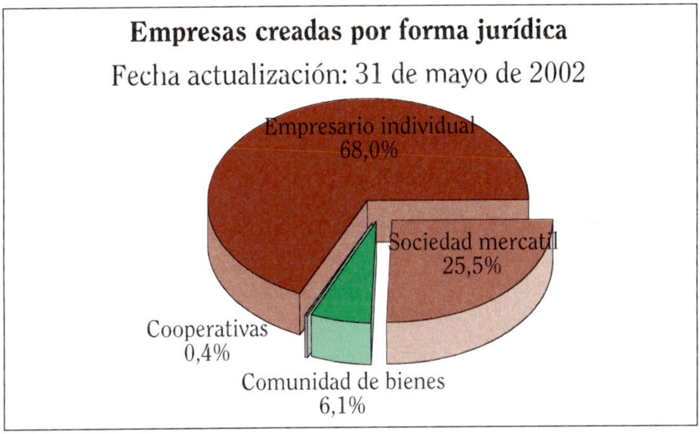


c) *Creación de empresas por Sector de Actividad.*

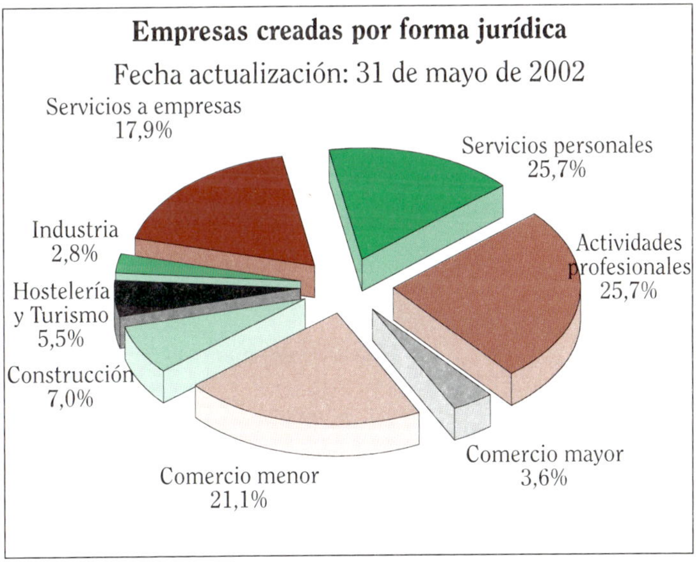

d) *Porcentajes comparados de creación de empresas por Forma Jurídica.*

**Porcentaje de empresas creadas según la Forma Jurídica en las distintas Ventanillas Únicas Empresariales**

Fecha actualización: 31 de mayo de 2002

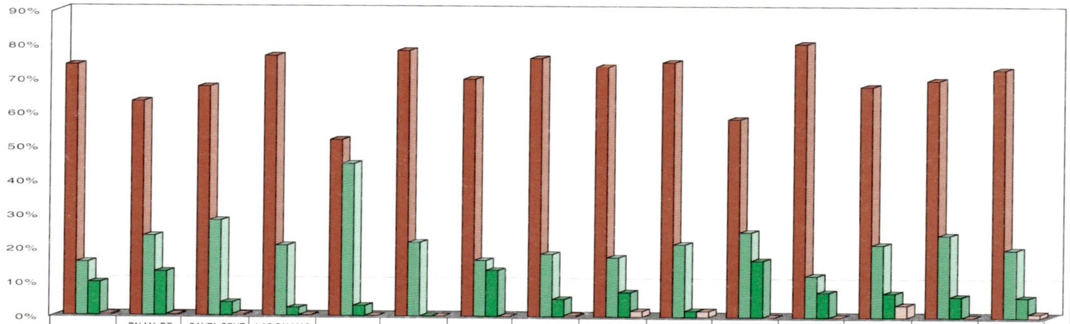


| | VALLADOLID | PALMA DE MALLORCA | SANTA CRUZ DE TENERIFE | LAS PALMAS DE G. | MADRID | GETAFE | BURGOS | MURCIA | OVIEDO | ZAMORA | NAVARRA | SEGOVIA | TOLEDO | SEVILLA | VALENCIA |
|---|---|---|---|---|---|---|---|---|---|---|---|---|---|---|---|
| Empresario Individual | 74,0% | 63,2% | 67,6% | 76,7% | 52,0% | 78,3% | 69,9% | 76,1% | 73,6% | 75,0% | 58,3% | 80,5% | 67,9% | 69,7% | 72,9% |
| Sociedad Mercantil | 15,7% | 23,5% | 28,1% | 20,7% | 45,0% | 21,7% | 16,5% | 18,4% | 17,5% | 21,4% | 25,0% | 12,2% | 21,4% | 24,2% | 20,0% |
| Comunidad de bienes | 9,8% | 13,0% | 3,9% | 2,3% | 3,0% | 0,0% | 13,6% | 5,1% | 7,2% | 1,8% | 16,7% | 7,3% | 7,1% | 6,1% | 5,9% |
| Cooperativas | 0,4% | 0,3% | 0,4% | 0,2% | 0,1% | 0,0% | 0,0% | 0,4% | 1,7% | 1,8% | 0,0% | 0,0% | 3,6% | 0,0% | 1,2% |

e) *Porcentajes comparados de creación de empresas por Sector de Actividad.*

**Porcentaje de empresas creadas según sector de actividad en las distintas Ventanillas Únicas Empresariales**

Fecha actualización: 31 de mayo de 2002

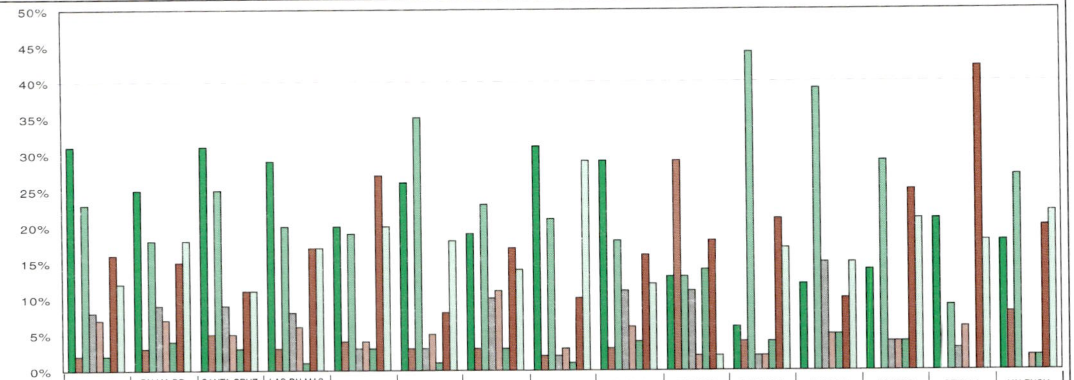


| | VALLADOLID | PALMA DE MALLORCA | SANTA CRUZ DE TENERIFE | LAS PALMAS DE G. | MADRID | GETAFE | BURGOS | MURCIA | OVIEDO | ZAMORA | NAVARRA | SEGOVIA | TOLEDO | SEVILLA | VALENCIA |
|---|---|---|---|---|---|---|---|---|---|---|---|---|---|---|---|
| Actividades profesionales | 31% | 25% | 31% | 29% | 20% | 26% | 19% | 31% | 29% | 13% | 6% | 12% | 14% | 21% | 18% |
| Comercio mayor | 2% | 3% | 5% | 3% | 4% | 3% | 3% | 2% | 3% | 29% | 4% | 0% | 0% | 0% | 8% |
| Comercio menor | 23% | 18% | 25% | 20% | 19% | 35% | 23% | 21% | 18% | 13% | 44% | 39% | 29% | 9% | 27% |
| Construcción | 8% | 9% | 9% | 8% | 3% | 3% | 10% | 2% | 11% | 11% | 2% | 15% | 4% | 3% | 0% |
| Hostelería y Turismo | 7% | 7% | 5% | 6% | 4% | 5% | 11% | 3% | 6% | 2% | 2% | 5% | 4% | 6% | 2% |
| Industria | 2% | 4% | 3% | 1% | 3% | 1% | 3% | 1% | 4% | 14% | 4% | 5% | 4% | 0% | 2% |
| Servicios a empresas | 16% | 15% | 11% | 17% | 27% | 8% | 17% | 10% | 16% | 18% | 21% | 10% | 25% | 42% | 20% |
| Servicios personales | 12% | 18% | 11% | 17% | 20% | 18% | 14% | 29% | 12% | 2% | 17% | 15% | 21% | 18% | 22% |

## 2. EL PROYECTO DE NUEVA EMPRESA

Proyecto nueva empresa

Una de las ideas iniciales que ha movido a la Administración Pública Española en la confección en este Proyecto es permitir que a su través nuestras PYME puedan afrontar los retos que plantea el Mercado único.

Numerosos trabajos de la Unión Europea han venido exigiendo reformas que conllevasen fórmulas societarias sencillas y mejor adaptadas a la realidad de las empresas más pequeñas. Los últimos empujones para presentar el proyecto de reforma provienen de la Conferencia de Ministros Europeos de PYME celebrada en Aranjuez en febrero de 2002 y posteriormente el Consejo de Barcelona de marzo del mismo año que vino a renovar y reforzar estos compromisos, insistiendo en la necesidad de crear un entorno favorable, mejor y más adaptado a la realidad de las PYME.

Pero ¿porqué tanto interés en este proyecto?, ¿qué se pretende con el mismo o cuál es su objetivo?, ¿cómo se estructura el proyecto en su conjunto?

Vayamos por partes.

El interés es evidente de igual forma que la realidad empresarial española es tozuda.

En el Consejo de Ministros del día 7 de junio de 2002 se aprobó la remisión a las Cortes de un proyecto de Ley regulando el Estatuto de la Nueva Empresa.

Realidad empresarial actual

La realidad de que ha partido es la siguiente:

En España existen 2.600.000 empresas.
De ellas el 99 por 100 son pequeñas y medianas.
Estas generan el 78 por 100 del empleo.
De ellas a su vez el 64 por 100 son personas físicas.
También el 54 por 100 de ellas no tienen asalariados.
Y por último, el 93,95 por 100 son microempresas (entendidas hasta 10 trabajadores).

Era evidente la necesidad de hacer un considerable esfuerzo de regulación que facilite al máximo la creación de una nueva empresa.

Objetivos

*¿Cuál es su objetivo?* En principio pueden considerarse varios, los cuales se pueden estimar, como una respuesta adaptada a la realidad del tejido empresarial español, para lo cual se adoptan varias medidas:

Puesta en marcha de las empresas de un modo más rápido y menos costoso.

Mejora de la legislación y la reglamentación relativa a la creación de empresas.

Agilización de las relaciones entre la Administración y las empresas.

Ahora bien, esta variedad de objetivos se puede concretar en dos aspectos específicos:

Lograr que pueda constituirse una empresa en 48 horas.

Reducir formularios así como emplear procedimientos telemáticos de constitución.

Descripción del proyecto

¿Cómo se estructura el proyecto?

El Proyecto «NUEVA EMPRESA» se fundamenta en dos elementos esenciales: el Centro de Información y Red de Creación de Empresas (CIRCE) y el régimen jurídico de la Nueva Empresa.

CIRCE

El CIRCE se configura como una Red de Puntos de Asesoramiento de Inicio de Tramitación (PAIT) en los que se asesore y preste servicio a los emprendedores, tanto en la gestación, tramitación administrativa y puesta en marcha de sus iniciativas empresariales como durante los primeros años de actividad de los mismos.

Otro elemento de gran importancia en la puesta en marcha de este proyecto los constituye el Documento Único Electrónico (DUE).

DUE

El DUE está concebido como un instrumento para agrupar todas aquellas informaciones necesarias para la realización telemática de los trámites administrativos de constitución de aquellas sociedades que se acojan al Estatuto de la Nueva Empresa.

Así, el DUE constituye el elemento básico para materializar el Sistema de Tramitación Telemática (STT) propuesto en el Proyecto Nueva Empresa. Las principales innovaciones que presenta el DUE son:

- Reduce notablemente los formularios que deben cumplimentarse.

- Reduce el número de visitas a realizar por el emprendedor.

- Se trata de un instrumento de naturaleza electrónico-telemática.

Características de la nueva sociedad

Por lo que afecta al proyecto Nueva Empresa como formula jurídica societaria en sustitución de las tradicionales que a lo largo de este libro se han citado son características del proyecto de Ley que el 7 de junio de 2002 se aprobó en el Consejo de Ministros las siguientes:

**Sólo se aplicará a las personas físicas.** En el momento de su constitución los socios de la nueva empresa sólo podrán ser personas físicas, hasta un total de cinco. En momento posterior podrá superarse este mínimo.

**Denominación Social.** Este se compondrá del nombre y dos apellidos de uno de los socios seguido de un código alfanumérico incluyendo la mención «Sociedad Limitada Nueva Empresa» o «S.L.N.E.».

**Amplitud del objeto social.** El objeto social puede comprender todas o algunas de las actividades económicas posibles, agrícola, ganadera, industrial, comercial, profesionales, etc., y además aquellas singulares distintas de las anteriores.

Solamente hay dos limitaciones: una, no se pueden incluir actividades para el ejercicio de las cuales se exija forma de Sociedad Anónima (Banca, etc.), y dos, tampoco aquellas cuyo ejercicio implique objeto único y exclusivo.

– La constitución se realizará principalmente a través de técnicas electrónicas, informáticas y telemáticas (ins-